カリスマバイヤー、ヤマダユウが教える
デザインとセンスで売れる
ショップ成功のメソッド

独立して７年、社会人になって14年、僕は、そのほぼ全ての期間をバイヤーとして、お店やモノ、そしてデザインというものに携わり続けて仕事をしてきました。

バイヤーという職種は、とかく、その人個人の持つセンスや直感に頼るところが大きいと世間では思われがちですが、一方で僕は、経験や知識を積み重ねていくことによって、これまでのキャリアを築いてきたと思っています。

言い換えると、自分自身に蓄えてきた経験や知識を、必要な時に適切に出し入れすること。また、それらを組み合わせたり、掛け合わせたりすることによって展開・発展させること。さらに、この一連の作業スピードを意識的に上げるよう心掛けること。僕はこれが世間で言うところのセンスや直感というものに限りなく近いものではないか、と考えています。

だからこそ僕は、独立した際に自分の屋号・会社名を「method」と名付けました。日本語で「方法・方式・順序・筋道」を意味する言葉です。

本書は、今まで講義や講演などの際に、断片的に消え行くまま言葉で伝えてきた僕なりの方法論を、手順を追って、ゼロから1軒のお店をオープンするまで、そしてオープンしたお店を運営していくまでを、一冊にまとめたものです。

個人・法人はもちろん、業態の違いを問わず、これからお店を始めようとされている多くの方々にとって、本書が、少しでも何かのお役に立つことがあれば嬉しい限りです。

Contents

ヤマダユウが手掛けたSHOP

MARK'STYLE TOKYO

SOUVENIR FROM TOKYO

東京的視点で新しいデザインやアートを届ける
国立新美術館のミュージアムショップ

ディレクション　株式会社ウェルカム
ロゴデザイン　佐藤 可士和
スペースデザイン　形見 一郎（Kata Inc.）
ブックディレクション　幅 允孝（BACH）
ディレクションサポート　山田 遊（method）

SFT
THE NATIONAL ART CENTER, TOKYO
MUSEUM SHOP + GALLERY
SOUVENIR FROM TOKYO : BY CIBONE

THE NATIONAL ART CENTER, TOKYO
MUSEUM SHOP + GALLERY
SOUVENIR FROM TOKYO : BY CIBONE

Tokyo's Tokyo

東京発の旅の道具や東京土産が揃う羽田店。
マンガとアニメに新しく出会う
編集型ショップの原宿店

Tokyo's Tokyo

■羽田空港店（第２旅客ターミナル）
企画 / 運営　日本空港ビルデング株式会社
プロデュース / 本セレクト　幅 允孝（BACH）
グッズセレクト　山田 遊（method）
アートディレクション　植原 亮輔（KIGI）
インテリアデザイン　中村 拓志（NAP）
ユニフォームデザイン　シアタープロダクツ

■原宿店（東急プラザ表参道原宿）
企画 / 運営　日本空港ビルデング株式会社
プロデュース / 本セレクト　幅 允孝（BACH）
グッズセレクト　山田 遊（method）
アートディレクション　植原 亮輔（KIGI）
グラフィックデザイン　漆原 悠一（tento）
　　　　　　　　　　　天宅 正（DRAFT）
インテリアデザイン　松井 亮（松井亮建築都市設計事務所）
ユニフォームデザイン　アンリアレイジ

原宿店撮影：阿野 太一

Tokyo's Tokyo
Tokyo's Tokyo

沖縄's
九州's
四国's
中国's
近畿's
中部's
関東's
東北
Tigers
子供!

N
RECYCLE
W
Pass the Personal Culture.
Pass the Baton.
PASS THE
BATON

PASS THE BATON MARUNOUCHI

個人のセンスで見いだされた品物や、
使っていた人物の人となりが伝わる品物を扱う
新しいリサイクルショップ

プロデュース　遠山 正道 (Smiles)
インテリアデザイン　片山 正通 (Wonderwall)
ウェブデザイン　中村 勇吾・阿部 洋介 (tha)
アートディレクション　植原 亮輔・渡邉 良重 (KIGI)
MD コーディネーション　山田 遊 (method)
アンティークコーディネーション　大澤 二天 (undulate)

once A month

多くの人々が行き交う場所で、毎月１回お店の風景が変わる、株式会社パルコ初となる直営編集ショップ

企画／運営　株式会社パルコ
ディレクション／コンセプト監修　山田 遊（method）
ディレクション　泉 栄一（MINOTAUR）、馬場 雅人（H.P.france）
インテリアデザイン　井手 健一郎（rhythmdesign）
アートディレクション　林 洋介（14sd）

3

大塚呉服店

大塚呉服店

大塚呉服店 京都

3つに分けられた価格帯と洗練された店舗環境、
日常のファッションに溶け込む提案。
きものが着たくなる新しい呉服店

企画 / 運営　有限会社みさ和
クリエイティブディレクション　中川 淳（中川政七商店）、
山田 遊（method）
インテリアデザイン / アートディレクション　関 祐介
撮影：太田 拓実

Orbi
Yokohama

Orbi Yokohama

セガと BBC ワールドワイドの共同プロジェクト、
大自然超体感ミュージアム「Orbi（オービィ）」のショップ

企画 / 運営　株式会社セガ　BBC Worldwide Limited
ディレクション　山田 遊（method）

出雲 縁結びの国
えすこ

えすこ

出雲大社のお膝元で、由緒ある勾玉を伝承し続けている、創業して103年のグループが送り出す、新たな島根のお土産物店

企画 / 運営　株式会社しんぐう
ディレクション　山田 遊 (method)
インテリアデザイン　下埜 健 (Logico design works)
パートナーシップ　中川政七商店

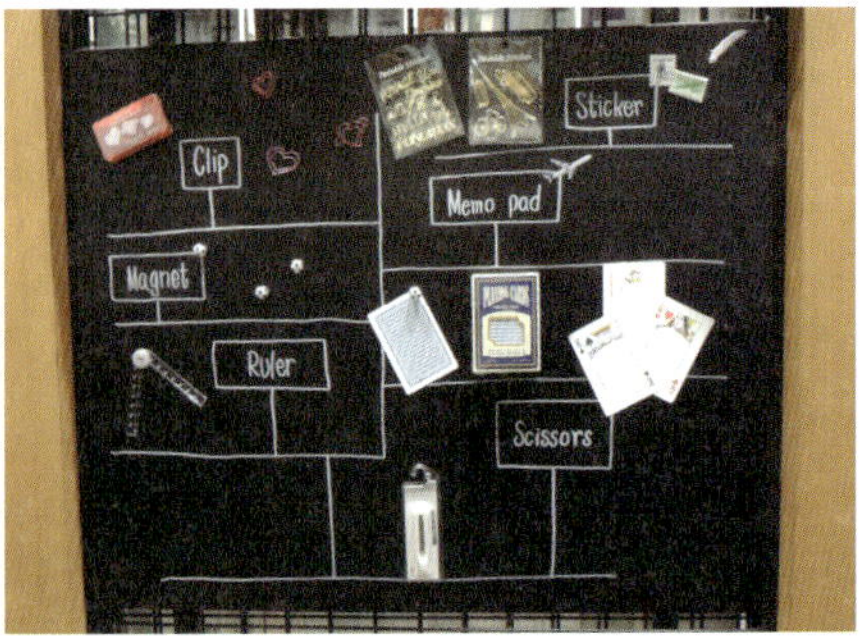

QIPS

QIPS

香港に進出した、日本の文具メーカーによるショップのリニューアルプロジェクト

企画 / 運営　MDSI Ltd.
アートディレクション　Designphil Inc.
ディレクション　山田 遊（method）

PEN

Paper Craft Museum
Paper Craft
Museum Sticker

Yu Yamada　Monologue

自分の道を模索する青春時代

子どもの頃の記憶を振り返ってみると、今の仕事をしているのは、結果的に家族の影響が大きかったのかなと思います。教師をしていた両親はもちろん、特に趣味人だった母方の祖父の存在があったからだと。今でいうキャンドル・アーティストのような仕事をしている個性的な人でした。一方、祖母は多くの作品を発表している童話作家なので、今から思えば、かなり刺激的で創造性の溢れる環境だった気がします。

祖父母は近所に住んでいたので、休日になる度に祖父母の家でレゴ・ブロックで遊んだり、いろいろな童話を読んだり。男の子の初孫でしたから、とても可愛がられていました。

周囲が読書家ばかりですから、誰に教わることなく、自然と僕も本は読むようになりました。特に好きだったのはC・S・ルイスの『ナルニア国物語』シリーズ。童話作家である祖母の影響も大きかったのだろうと思いますが、とにかく本はいろいろとたくさん読みました。

読書を通じて好きになったのは歴史でした。やはり男の子ですから『三國志』に夢中になってみたり、父と一緒に井の頭公園で土器や化石を掘ってみたり。小さい頃は学者になりたいと思っていました。何かを調べたり、新しい知識を得ることが好きで、勉強も嫌いではありませんでしたから。

とはいえ、中学生の頃からは身体を動かすことも同じくらい面白くなり、バスケット・ボール部に所属して、練習や試合で汗を流していました。

大学では史学科で東洋史を専攻していたのですが、歴史学の基礎は、ひたすら昔の文献を精査する作業です。確かに歴史は好きでしたが、事実関係を調べるよりも、そこから展開する推論に魅力を感じていたことに気づいた途端、嫌になってしまって…。

せっかく入った大学でしたが、それからは一気に勉強のモチベーションを失ってしまい、アルバイト中心の日々を送るようになっていきました。定番の飲食関係のお店をはじめ、大手出版物取次の物流作業や遺跡の発掘調査、さらに変わったところでは置き薬の営業のようなものまで。高校時代からのことですが、面白そうでお金になる仕事を見つけてはチャレンジしていました。

ですから、大学時代の思い出といえば、アルバイトでお金を稼ぎ、夏休みや春休みごとに旅をしていた記憶ばかりです。行き先はほとんどが海外で、1ヵ月くらい向こうで滞在する生活を繰り返していました。

さまざまな場所を訪れましたが、一番印象に残っているのはイギリスです。ちょうど周囲が就職活動を始める時期に大学を休学して1年間を過ごしたのですが、当時は本当に自分自身の将来が見えなくて。もう現実から逃避するしかない——。そんなことを考えながらイギリスへと向かいました。

不思議な直感を信じてIDÉEへ

日本での現実から逃げるように向かったイギリスでしたが、あらためて考えてみると、海外で暮らした経験は大きなプラスになっていると思います。生活するために自分の意志をはっきり伝えなければいけないという経験は、確実に今の自分の姿勢にもつながっている気がします。

イギリスでは語学学校へ通いながら大学でイスラム美術を勉強する日々を送っていました。しかし、あっという間にタイムリミットがやってきて、結局、何もやりたいことが見つからないまま、日本へ帰国することに。

本格的に就職活動を始めるにあたり、どうしようかと思い悩んでいた時、お告げのように頭に浮かんだのが「家具」という言葉でした。今まで特に家具やデザインに強い興味を持ったこともなく、明確な理由があるわけでもなかったのですが、不思議と自分の直感を信じてみようと思ったのです。

そこで大手有名家具メーカーやショップなど、さまざまな企業の採用試験を受けたのですが、その中の一つがIDÉEでした。

　当時「南青山のIDÉE」といえば、家具について興味がなかった僕でも知っていたほどの超人気店でした。何とか最終面接まで辿り着いたのですが、残念なことに不採用となってしまいました。

　ところがその後、IDÉEの役員の方から「アルバイトをしてみないか？」と直々に連絡をいただいたんです。ほかの企業から幾つか内定通知も届いていたのですが、すべて断って、週に3回から4回、卒業論文を書きながらIDÉEの青山本店でアルバイトとして働く生活を始めるようになりました。

　ほかの企業の正社員になることを蹴ってまでIDÉEでアルバイトをする道を選んだ理由は、どの企業よりもユニークだったからです。家具のお店なのに花屋やカフェが併設されていて、書籍やＣＤも販売するなど、時代の最先端を創造する空気が非常に魅力的でした。

経験が生んだ百戦錬磨のバイヤー

IDÉEでアルバイトとして働いていたのは約半年間のことです。翌年の4月から正社員となりましたが、最初はフロアで販売を担当していました。とにかくお客さまへ声をかけるように先輩に言われて実践していましたが、自分には家具やデザインの知識や経験がなく、最初は話しかけるのが怖かったですね。早く戦力として認められるように、必死に頑張っていた記憶があります。

　正社員になってから、しばらくした後、雑貨のフロアに異動となり、リーダーとして販売を担当していたのですが、それまで仕入れを担当していた方が退職することになり、後任を引き継ぐ形になりました。それが僕のバイヤーとしてのスタートです。当然、買い付けや仕入れをしたことなんてありませんから、責任の重さをひしひしと感じる日々でした。

　特に商品の良し悪しを判断して、仕入れで実際にお金が動く商談の現場は緊張しました。年齢もキャリアも上の取引先の方々と20歳を少し超えただけの若造が、形の上とはいえ、対等に話をしなければならないわけですから。

　創業者である黒崎輝男さんはもちろん、今から思えば、錚々たる顔ぶれに囲まれた恵まれた環境ではありましたが、それだけに自分の知識とセンスのなさを痛感して、必死で勉強するようになりました。

　まずはお店に置いてあるアイテムをしっかりと理解しなければならないと思い、雑貨のＰＯＰ広告を全部つくりなおすことから始めました。確か２００以上はありましたが、カタログと首っ引きで取り組みました。それから、休みの日は新しい商品の展示会や評判のショップを巡ったり、上司が海外へ出張する時は同行して、常に新しい商品の生きた情報を得たり…。あの頃から暮らしのすべてがバイイングに関係するような刺激的な日々となっていきました。

翌年からは青山本店だけではなく、自然と他店の仕入れも管理する立場になったのですが、当時の経験として大きかったのは、自分で試行錯誤しながらバイイングに関する考えを固めることができた点です。

たとえば、商品の仕入れや輸送に関するコストをはじめ、ロット数や納期などについては、売り場に立っているだけではわかりません。商品の買い付けからフロアでの接客、販売までトータルにやっていたため、IDÉEという枠の中で、ある程度の自己判断を許されて働くことができたのは、とても有り難い経験でした。

あれから10年以上が経過した今、IDÉEで過ごした時代を振り返ってみると、予算の組み立て方や仕入れ先との交渉、ディスプレイに関するルールに至るまで、僕自身はまだまだ稚拙だったのかもしれません。でも、そういう「道を切り拓いていく」経験から得た成功と失敗が、今の僕を支える大きな財産になっています。

独立へと至る3年半の道のり

２００３年にIDÉEを退職し、恵比寿のコンテンポラリー・ジュエリーを取り扱うギャラリー、gallery deux poissonsの立ち上げに参加することになりました。IDÉEでの仕事は本当に刺激的でしたが、3年間で一区切りと決めていたこともあり、次のステージに進もうと思っていたからです。

ジュエリーの仕事を選んだ理由の一つは、IDÉEが扱っていた家具などの大きなモノから小さなモノへと興味の対象が移っていたこと。とてもコンセプチュアルな世界で、掌に乗るような小さいサイズの中での表現に強い好奇心を抱いたからでした。

ここで得た何よりも大事なことは、世界中のジュエリー作家との交流を通じて「つくり手との関係の重要性」を実体験として学んだことです。IDÉEで働いていた頃は、そこまでダイレクトにつくり手と関わる機会がありませんでしたから。

ものづくりの現場を知ることで、つくり手の思考や希望を知り、どのように販売の現場へ届けていくかという method の考え方は、この頃から培っていったものです。

今から振り返ると、株式会社 t.c.k.w の立川裕大さんが2004年に手掛けたライフスタイル型見本市『BOND』に関わった経験がきっかけでしょうか。

大型見本市しかない時代に、業界やジャンルを問わず、クリエイターとショップ、お客さまとなる人々を集めた『BOND』は、とてもインディペンデントで、自分がやっていきたいと考えていた方向性とも一致していました。

その後、2006年から2012年まで続いたデザイン・イベントである『DESIGNTIDE TOKYO』への参画へと続きます。最初の年は CIBONE の横川正紀さんに声をかけていただき、出展者として参加しました。翌年からはより深くイベントに関わり、物販も始めようということになり、riddle design bank の塚本太朗さんと『TIDE Market』をスタートさせました。

この頃、僕は自分自身が何をすべきかということを考え続けていました。結果、今までモノに携わってきた経験を生かすために浮かんだアイデアが〝フリーランスのバイヤー〟でした。それまでのキャリアで何百という仕入先や小売店との信頼関係やつながりを築いていましたし、自分自身のお店を持たないフリーランスのバイヤーという立ち位置が、僕のすべきことのように思えたのです。

こうして gallery deux poissons を3年半で退職し、自分の事務所となる method を立ち上げて独立しました。それが2007年のことです。

より自由に動くことができる立場になれば、つくり手に対して、きちんと利益を還元する仕組みが実現できるのではという考えもありました。なので、独立するという行為は、僕にとって、ごく自然な流れだったと思います。

原点である店づくりへの想い

gallery deux poissons で働きながら最初に手掛けたのが、国立新美術館の中にあるショップ SOUVENIR FROM TOKYO でした。CIBONE を運営する株式会社ジョージズファニチュア（現・株式会社ウェルカム）、ロゴデザインは佐藤可士和さん、空間デザインは形見一郎さん、書籍のディレクションは幅允孝さんというメンバーですから、とても話題になりましたし、フリーランスのバイヤーとしての出発点としては、これ以上はない一歩目となりました。今までの経験に基づいて編み出した方法――僕自身の〝method〟のすべてはこのお店から始まりました。

この仕事の成功がある意味、名刺代わりとなり、ほかのお店やイベントの仕事が舞い込むようになり、僕自身にとってもエポックメイキングなスタートを切る初年度となりました。振り返ってみれば、自分から「仕事をさせてくれ」とお願いしたのも最初で最後のことですし、

個人的にも思い入れの深い大切なお店です。

２０１４年で７年が経ちましたが、その間にmethodではTokyo's Tokyoをはじめ、once A month、近年ではOrbi Yokohama、えすこなど、立地もタイプも異なるさまざまなお店に携わってきました。

そのほかにも『HOW TO COOK DOCOMODAKE?』の企画と作品集の編集や『３６５日Charming Everyday Things』でのVMDなどの、イベントの仕事、また新商品の開発ディレクションなども行っていますが、あくまでも僕の出発点はお店であり、すべては小売の現場で培ってきた経験から広がっていったもの。やはり「自分はバイヤーで、しかも叩き上げである」という事実は、ずっと大切にしていきたいのです。

よく「自分のお店は持たないんですか?」といろいろな方から聞かれるのですが、あらためて僕自身とmethodのこれからを俯瞰してみると、そろそろ自分のショップをきちんとつくる時が来たのかなと考えています。そんな気持ちになったのはここ最近のことです。

正直なところ、今までは自分のショップを持つよりも『TIDE Market』やSOUVENIR FROM TOKYOのように、多くの人々が集まる場所や状況をつくることで、つくり手にきちんと利益が還元できる仕組みの実現を目指してきました。そこには、もちろん「良いモノをしっかりと社会へ送り出していきたい」という気持ちや、業界の全体的な底上げを図りたい、という思いもあります。

ただ、自分自身のショップは、クライアントから依頼を受けてつくるものではありませんから、商品に関しては理想を追い、さらには、お店自体の新しい在り方を問いかけるような場所にしていきたいと考えています。

これまで世界各国のいろいろな街でさまざまなお店を見てきましたが、日本のお店は総じて高いクオリティーを持っています。しかし、まだまだできることはある。もっともっと工夫の余地がある――。僕が走り続けている理由は、まさにその一点にあります。

第一章　準備

SOUVENIR FROM TOKYO

Marketing & Research

マーケティング&リサーチ

01 世の中にお店はあふれている

02 どんなお店があるのか調べる

03 候補立地を調べる

04 立地・物件を選ぶ

01

世の中にお店はあふれている

信念を持ったお店づくりを

自分の住んでいる街を見渡してみれば、よくわかると思うのですが、世の中はたくさんのお店であふれていますよね。よく「新しいお店はどうやってつくるんですか?」という質問をもらいます。結論からいえば、まったく新しいオリジナリティーを持ったお店はなかなかつくることができません。今までにないように見えるお店づくりとは、実は「すき間探し」に近いものだと捉えてください。

個人の方が「お店を出したい」と決心した場合、大半の方が非常に強い思い入れを持っています。それ自体は悪いことではないのですが、やはりビジネスである以上、きちんと商品が売れる場所にしなければなりません。どんなに面白い性格の人でも、いざ

仕事をするとなると難しいタイプっていますよね。それと一緒です。

まず、自分はどんなイメージの人間なのかということを真剣に考えてみてください。そして、どのように周囲の人々に見られているかをできるだけ客観的に意識してみましょう。

お店は人と似ている。そう僕は考えています。何百、何千、何万という人がいる中で自分という存在をアピールするにはどうしたらいいか。そのためには、ほかとは異なる個性を前面に打ち出していく必要があるのではないでしょうか。

魅力的なお店を経営している方は、人間的にも尊敬できる方です。彼らの信念が体現されているからこそ、素晴らしいお店として認知されているはずです。その部分は決して誤魔化しが効きません。

このように考えていくと、お店づくりというものが人格形成に似ていることに気がつくでしょう。単純に立地を探し物件を決めて、お店をオープンするだけでお客さまが来てくれるわけではないのです。

どんなお店をつくりたいかを考える時、念頭に置いてほしいのは、世の中に埋没しないだけの個性があるかということ。自分自身に信念があるかどうかを問いかけてほしいと思います。

POINT

- お店づくりはすき間探し
- 自分はどんな人間なのかを考える

SHOPオープンまでの流れ

スタート！

どんなお店があるのかを調べる

ターゲットを設定する

トーン&マナー設定

大義・信念・想い

コンセプトメイキング

候補立地を選ぶ

立地・物件を選ぶ

店舗内装の依頼先を決める

店内導線を考える

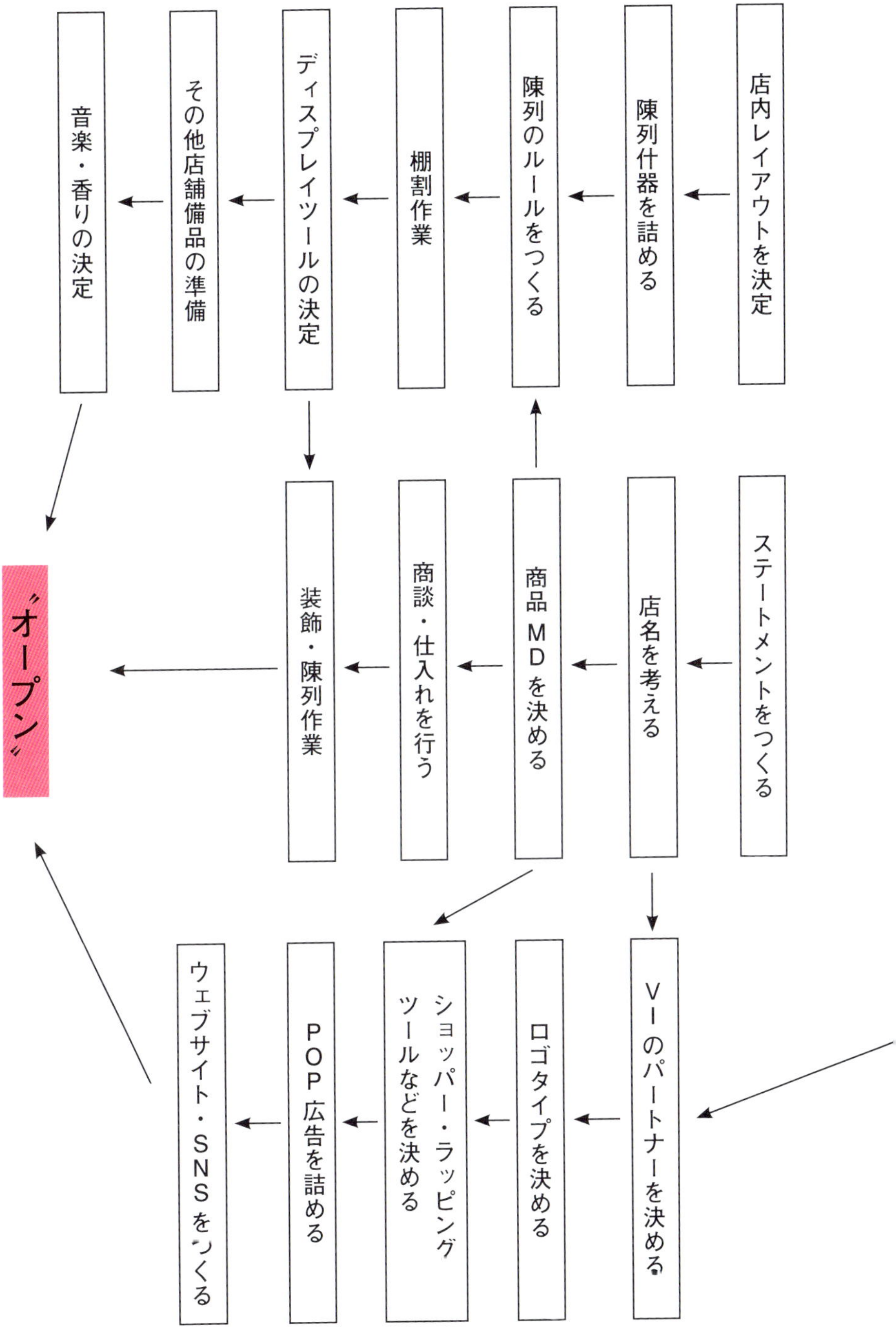
店内レイアウトを決定
陳列什器を詰める
陳列のルールをつくる
棚割作業
ディスプレイツールの決定
その他店舗備品の準備
音楽・香りの決定
ステートメントをつくる
店名を考える
商品MDを決める
商談・仕入れを行う
装飾・陳列作業
〝オープン〟
VIのパートナーを決める
ロゴタイプを決める
ショッパー・ラッピングツールなどを決める
POP広告を詰める
ウェブサイト・SNSをつくる

02

どんなお店があるのかを調べる

POINT

- 日々、新しいお店を見に行く
- 異なる業種のお店にヒントがある

比較検討で個性を見つけて

自分のお店の個性については、頭の中で考えるよりも、世の中にある無数のお店と実際に比べてみてください。よく足を運ぶお気に入りのお店だけでも、いろいろな角度から比較検討するうち、少しずつ個性が浮かび上がってくると思います。

こういう時、もっとも危険なのは「自分だけの思い込み」です。どんなに独創的なアイデアが浮かんだような気がしても、とっくの昔に実現されていることも少なくありません。まずは自分の足でお店を回り、いろいろな人と話をして、明確な違いを見つけていくことが大切です。

では、どんなお店を見るべきか。極端な言い方をすれば、業種は何でもいいと思います。もちろん、自分が目指す業種のお店は絶対に行くべきですが、まったく関係がないように見えるお店でも、実は参考になるポイントがたくさん隠れているからです。

たとえば、全体的に品質と価格設定が高く、インポート主体の洋服屋さんを始めたいとしましょう。それを東京のスーパーマーケットに置き換えて考えてみると、成城石井や紀ノ国屋、三浦屋あたりになりますよね。まったく異なる商品を扱う業種のお店の方が意外と冷静に見ることができるというメリットもあります。身近なスーパーマーケットでいえば、どのレベルを目指すのかという考え方は、極めてわかりやすいのではないでしょうか。

自分が目指す業種のお店を見る上で気をつけてほしいのは、あまり影響を受けすぎないこと。いろいろ見ていくと「あれもいい」「これもいい」と次から次に取り入れるはめになり、最終的には継ぎ接ぎだらけに。本当に自分がやりたかったことから遠く離れてしまう結果にもなりかねません。

あくまでも目的は自分のお店をつくるためのオリジナリティーを探すこと。その違いを探すためのリサーチなのですから。

SHISEIDO THE GINZA

← POPカラーと
左衛門
キャラ
人形

遊 中川 本店

03 候補立地を調べる

POINT

- どこに住みたいのか、
  どんな家で暮らしたいのか
- その地域に何が求められているのか

minorityrev hirao

信念が立地へとつながる

世の中のお店を見て回るうち、自分にしかできないことや誰もやっていなかったことがもし見つかれば、それがお店の個性へとつながっていくのですが、もう一つ、とても重要なポイントとして立地が挙げられます。これはお店の性格にも大きく関わるため、決して疎かにしてはいけないものです。人でいえば、どこに住みたいのか、どんな家で暮らしたいのかということになります。

原則、どんな業種であれ、お客さまに来ていただかないことには何も始まりません。一番イージーなのは、もともと人の往来が盛んな駅前などにお店を構えるという発想。逆に山奥の秘境にポツンとある民家のようなところでスタートしてもいいわけです。そこで問題になってくるのはお店の立地が自分のやりたい内容に合っているのかどうか。それから、その地域に何が求められているのかを知ることだと思います。

地域に求められているものは何か?

たとえば、２０１１年に代官山 蔦屋書店がオープンする前、カルチュア・コンビニエンス・クラブ株式会社は、近隣で暮らす人と働く人にアンケートを取って「書店やカフェがほしい」という情報を得たといいます。お店をつくりたい地域にどんな需要があるかを知り、それが自分の信念と重なるようであれば、上手くいく可能性が高いという好例です。実際に代官山 T-SITEは、外から来た人だけではなく、地元で生活している人たちが足を運ぶ場所としても立派に機能しているわけですから。

想像してみてください。自分のお店がどこにあったら似合うと思いますか。こういうイメージはとても重要です。もちろん、洋服屋さんをやりたい人が「原宿!」でもいいし、ラーメン屋さんをやりたい人が「池袋!」でも間違いではありません。でも、わざわざ激戦区に出店するには、それ相応の理由が必要になります。

さきほども例に出しましたが、山奥にポツンとある民家でお店をやるにしても、同じように周囲が納得するだけの強い理由が求められます。それだけ立地は集客と密接に結びついているものだと考えてください。

僕がお手伝いしたお店でいえば、２００８年にオープンしたminorityrev hirao。ここは福岡県福岡市にある洋服を中心としたコンセプトショップですが、同業他社が多い中心エリアを避けた郊外にあります。取り扱っている洋服も高級なラインが多く、お客さまにゆったり買い物を楽しんでほしいという想いから閑静な地域への出店を決めたそうです。

また、福岡といえば、２０１３年にナガオカケンメイさん率いるD&DEPARTMENT FUKUOKAがオープンしましたが、これも従来の商圏を避けたエリアとはいえ、とても雰囲気の良いビルにあります。これらの例から考えると、いかに「やりたいこと」が立地と結びついているか、よくわかるのでけないでしょうか。

土地の歴史から説得力を生み出す

僕だけの方法かもしれませんが、立地を決める際に、その場所の歴史を調べるようにしています。地名の由来であるとか、昔は何が名物だったとか、どんな人が住んでいたとか、そこからお店をつくる必然性が見つかるケースも少なくないからです。

たとえば、吉祥寺の井の頭公園入口にある老舗の焼鳥屋、いせや 公園店が2012年に建て替えで取り壊された際、そこから後期旧石器時代の調理場と思われる遺跡が出土したとか。これは文句なしにロマンがありますよね。見事に立地がいせやの必然性を補完した例だといえるでしょう。

ここまでスケールが大きく、完璧な例はなかなかありませんが、一つ手掛かりが見つかると、お店の輪郭がはっきりしてきます。過去をさかのぼることで、現在はもちろん、未来までつながるお店になるヒントが得られた時は嬉しいものです。

物件選び

どのような土地だったのか、過去を調べる

↓

土地を深く知る

↓

どうしてこの場所にお店を出すのかを考える

↓

その場所で求められるものを探す

↓

予算との兼ね合いを考える

04

立地・物件を選ぶ

POINT

●物件探しから現実が始まる

物件の決定から現実が始まる

これまでの過程はすべて立地を明確にすることにつながっているため、どれだけ具体的にイメージできるかで、この後の展開が大きく変わってきます。なぜならば、立地を選び、実際に物件を決めたところから怒涛のように現実が押し寄せてくるからです。

そこからは想像と異なり、シビアな挑戦の連続が待っていると考えてください。特に大きいのは予算との兼ね合いです。最初に考えていたような表通りに面した場所が確保できなかったり、思うような広さが取れないかもしれません。

今までの「こんなこともあんなこともできるといいな」という足し算から「決して譲れないものはどれだろう…」という引き算で優先順位を出していかざるをえません。物件はこれから販売する商品と同じくらい大切なもの。できるだけ多くの物件を見てから決定するようにしてください。

大塚呉服店 京都

Set the target

ターゲットを設定する

01

どんなお客さまに来てもらいたいのかを想像する

02

ターゲットに固執するのは禁物

01

どんなお客さまに来てもらいたいのかを想像する

POINT

- 幅広い層のお客さまに楽しんでもらえるお店
- お客さまに商品との出会いの場をつくる

工場の祭典（イタリア・ミラノ）　撮影：太田 拓実

ターゲットに縛られてはいけない

企業からの依頼でショップを立ち上げる際、マーケティング・リサーチの結果として具体的なターゲットの人物像が提示されるのですが、コンピュータによる集計データで構築したような平均的イメージが抽出され、どうも人間味が薄いように感じられます。

もちろん、お客さまのイメージは持っておかなければいけません。どういう人に来てもらいたいかをリアルに考える方法としては、身の回りから思い浮かべるのが一番。自分の人間関係の中からピックアップして想像することで、お店の具体的な顧客像が少しずつ固まってくるはずです。

ただし、あまりターゲットに固執するのは禁物。原則としてお店がお客さまを選ぶ行為は許されません。本来はどんな方が来訪してもいいはずなのに、わざわざ最初から枠を狭めるような行為は、大きなマイナスになってしまうといっていいでしょう。

お客さまとの出会いの場をつくる

そもそも僕は「ターゲット」という言葉が少し苦手です。確かにメインとなる顧客の人物像を設定することで、お店の品揃えが明確に整理されるなど、メリットもありますが、僕のスタイルからすれば、わざわざ可能性を低くしているようにも感じます。

とっくに日本が高齢化社会に突入している事実から考えても、ピンポイントな層だけを狙うには、かなり難しい時代です。今まで美術館や空港のようなパブリック・スペースでお店をつくってきた経験からすると、老若男女、性別や国籍を問わず、どんな人でもお客さまになりうるし、それがもっとも理想的な形だとも思っています。

どんなに顧客の人物像を設定していても、お店の立地や状況によって変化していくのはよくあること。それにオープンしたばかりの頃は、どんなお客さまでも来ていただけるだけで嬉しいはず。ターゲットについては、何となくイメージを持っておく程度でちょうどいいと考えてください。

Tokyo's Tokyo 羽田空港店

02 ターゲットに固執するのは禁物

全方位に向けたお店が理想形

2009年に羽田空港第2旅客ターミナルビルのマーケット・プレイスにTokyo's Tokyoをつくる際、事前の調査をしていて面白いことに気がつきました。第1旅客ターミナルビル、第2ターミナルビル共に輸入生活雑貨で人気のPLAZAが出店しているのですが、普通に年配のサラリーマンの方々もお店に入っていくんですね。本来、PLAZAのターゲットは主に20代から30代の女性ですから、街にある店舗ではなかなか見ることのできない不思議な光景です。これは空港という場所ならではの特別な現象なのかもしれないなと思いました。

こうした経験をもとに、Tokyo's Tokyoで取り扱う商品は、できるだけ男女両方に訴求できるもの、子どもから年配の方まで興味を持っていただけるものを揃えていきました。2007年に国立新美術館の中にオープンしたSOUVENIR FROM TOKYOの商品もそういった感覚でセレクトしてはいましたが、そ

POINT

●お客さまに新しい発見があるお店づくり

の考え方が間違ってなかったことを実証できる結果を出すことができました。

幅広いお客さまにアピールするためには、できるだけお店のスタンスに余地を残しておいた方がいいと僕は考えています。

たとえば、大人を対象とした商品展開のディスプレイの中に、子どもが発見して楽しむことができる仕掛けをつくっておく。親子連れのお客さまが増えたり、年配の方がお孫さんへ贈り物として購入する可能性も生まれます。実例の一つとしては、SOUVENIR FROM TOKYOがオープンして間もない頃、年配のお客さまグループが若者向けのアクセサリーを購入されたことがありました。ブランドに関係なく、純粋に気に入ってくれたのでしょう。これは本当に嬉しかったですね。バイヤー冥利に尽きる出来事でした。メインのターゲットに限定した商品を置くだけでは、こうした広がりには決してつながりません。その意味からも全方位に向けたお店づくりが一番の理想だと思っています。

Setting the Tone & Manners

トーン&マナー設定

- キーワードで言語化する
- イメージコラージュで視覚化する

POINT

- イメージを伝える力を持つ
- 思いつくキーワードをとにかく書き出してみる
- イラストを描いて具現化する

キーワードで言語化する

実際のところ、プランニング段階では、一つひとつをじっくり考えるというより、いろいろなことを並行で決めていくケースがほとんどです。今からお話するトーンやマナーも、本来は立地や物件を選びつつ同時に取り組んでおくべきものになります。

お店のトーンとは、一言で説明すると「お店の雰囲気」に当たるものです。内装やインテリアなど、さまざまな要素が複雑に絡み合って決まっていくのですが、そのためには頭の中にある抽象的なイメージを具体化する作業をしなければなりません。

僕がよく使うのは、ひたすらキーワードを紙に書き出していく方法です。たとえば「天井は高い方がいい」とか「床はフローリング」とか「間接照明を使う」とか…。思いつくままにどんどん出していってください。その項目が多ければ多いほど、ぼんやりしていたお店がはっきりしていく一方、逆に足りない部分も見えてくるはずです。

この作業で特に見落としがちなのは、仕入れや接客といったオペレーション部分。内装やインテリアは想像しやすいのですが、仕入れの方法やスケジュール、実際に接客に当たるスタッフの動き方や選定のような具体的な部分に関しては、お店で働いた経験がないと想像しにくいかもしれません。

また、より自分のイメージを明確にしたい場合は、インターネットで自分の理想に近い画像を検索したり、絵を描くのも有効な手段です。ビジュアルによる視覚化はイメージの共有には便利ですが、あまりこだわりすぎないように注意しておきましょう。

もう一つのマナーとは「お店の行動基準」です。たとえば、来店されたお客さまに笑顔で「いらっしゃいませ」「有り難うございました」の挨拶をする、服装は清潔感のあるものを着用する…。自分のお店の雰囲気（トーン）に合ったルールのようなものですね。

まずは漠然とした考えでも紙に書き出して、内容を確認してみるといいでしょう。どのような動き方になるにせよ、こうした基準は大なり小なり必要であり、最低限のルールは決めておきたいものです。ただ、マナーもお店が実際にオープンした後は年月とともに変わっていくもの。あまりガチガチにせず、柔軟に対応できるようにしておくことが大切です。

be my Gift 西武池袋本店　撮影：淺川 敏

大義・信念・想い

Cause, Belief, Thought

01 どうしてお店をつくるのか？

02 自己満足でお店は成立しない

03 より広い社会に対しての意義

01 どうしてお店をつくるのか？

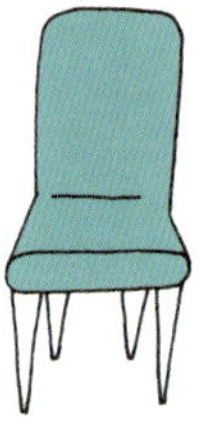

世の中の共感を得るだけの想いを持つ

第一章の最初のテーマは「信念を持ったお店づくりを」という内容でしたが、ここは非常に重要なので、もう少しだけ詳しく順を追って伝えておきたいと思います。

あらためて「どうしてお店をつくるのか？」という根幹について考えてみてほしいのです。子どもの頃からの夢だったり、自分の居場所がほしかったり、さまざまな理由があると思いますが、もしも、お店をつくる行為自体がゴールになっているのならば、そこで一度、立ち止まってください。

厳しい言い方になりますが、お店はあなたの一方的な自己実現や自己表現をするための場所ではありません。商品の売買を通してお客さまとコミュニケーションを図っていく以上、そこには必ず双方向の関係性が存在します。自分の信念を明らかにして、そこに共感する人がいてくれて初めてお店というものは存在することができるのです。

お店は一人の力では実現できない

当たり前のことですが、お店は一人の力ではつくることができません。驚くほど多くの人が力を貸してくれた結果として生まれるものなのです。しかし、その協力が得られるかどうかは、ほかならぬあなた自身の信念や想いの熱量にかかっています。

僕がこうした考え方を重視するようになったのは、２００９年に「現代のセレクトリサイクルショップ」と銘打ったPASS THE BATONの立ち上げに参加してからのこと。このお店のオーナーは遠山正道さん。三菱商事株式会社で初めての社内ベンチャー企業としてSoup Stock Tokyoの開発と運営を始め、現在では株式会社スマイルズの代表取締役社長として多方面で活躍されており、僕にとってはお世話になっている大先輩の一人です。

PASS THE BATONは、世の中のリサイクルショップが「中古品だから安くて当然」という状況下で「持ち主の顔写真と経歴、品物にまつわる物語を添えて販売」という付加価値を加えたことによって大きな話題となりました。これまで誰もつくらなかったお店です。

でも、それは決して珍しいという理由だ

PASS THE BATON MARUNOUCHI

POINT

- お店がオープンしたらゴールではない
- 想いを言葉にしてこそ、お店全体の根幹となる

けで注目されたわけではありません。遠山さんの「使っていた誰かの人となりが伝わる品物を橋渡しする役割を担いたい」という従来の価値観を超えた信念に共感した人たちがPASS THE BATONを一緒につくりあげていったからでしょう。リサイクルショップには違いないのですが、どこに重きを置くかによって、これだけオリジナリティーあふれるお店ができるのです。

業態としては決して効率が良いとはいえませんし、大変な苦労もあるでしょう。しかし、それでも遠山さんにしか実現できなかったお店だと思います。また、現在まで続けていることからも、多くのお客さまに愛され続けている事実がわかるはずです。

自分がお店を通じてやりたいことが一人よがりになっていないか。その想いは本当に共感を生むものなのか――。これからお店をやっていく上で思い悩んだ時や判断に迷った時、揺らぐことのない信念があれば、いつでも原点に立ち返っていけるでしょう。

02

自己満足でお店は成立しない

自分の信念を大義へと育てる

POINT

- 多くの人に共感を得られるのか
- 一人よがりにならない

どんなに自分の信念がお店をつくる上で大切だといっても、最初はたった一人。あなただけの想いから始まります。いわば、その想いは種のようなもので、大きな樹へ育てていくためには、太陽の陽射しのもとで水や肥料を与える世話が欠かせません。太陽が世の中だとすれば、水や肥料は仲間やお客さまの共感ということになります。しかし、小さな想いの種が大きな樹へと成長できるかどうかは、育ててくれる人の数にもよりますし、どれだけ熱心に世話をしてくれるかにもよると考えてください。

一般的に良いお店といわれるショップについて考えてみると、どうしても「インテリアの趣味が良い」とか「扱っている商品が素敵」というように、一つひとつの要素で切り取られがちなのですが、その奥にある本質を見極めていくと、オーナーが持つ信念に対する共感へと必ず行き着きます。

そのためには、やはり信念というものが一人よがりなものではいけません。社会的な意義を内包していなければ、お店を経営していくのは難しい時代だと思います。一人称のイメージが強い信念を広げていって、第三者の共感を含む大義へと育て上げることができれば最高です。どこまで世間に受け入れられるか、つまり、お客さまが来ていただけるかどうかの決め手はその点にあるのではと僕は考えています。

03

より広い社会に対しての意義

今はTwitterやFacebookのようなSNSがありますから、情報は拡散していきますし、想像以上に遠くまで到達するものです。誰かがお店について知った時に「まだ行ったことがないけれど、いつかは行ってみたい」という憧れにも似た気持ちを呼び起こすのも、結局その信念に共感しているかどうかでしょう。

たとえば、身近な人たちに話してみて「わかる！」「それっていいよね！」と言ってもらえれば、あなたの信念は少なくとも一人よがりなものではありません。

お店をつくる際、僕も自身の信念については積極的に言葉にするようにしています。どうしても客観的な判断が難しいからこそ「どこまで不特定多数の人へ響くのか？」ということに関しては、何度も何度も繰り返し人に聞いてもらって検証すべきでしょう。

もちろん、ビジネスですから綺麗事だけではやっていけません。しかし、大義へとつながる信念の強度がなければ、なかなか共感してもらえないことも事実だと思います。

たとえば、僕がお手伝いした企業では中川政七商店。2016年に創業300周年を迎えるという老舗ですが、この会社の信念は「日本の工芸を元気にする！」という言葉です。そこには完全に大義として掲げられるだけの強度がありますし、信念に添った展開は高く評価されています。

多くの人から共感を呼ぶ大義が体現されているからこそ、PASS THE BATONや中川政七商店は魅力的で在り続けているのです。その事実を忘れないようにしてください。

中川政七商店 本社

Concept making
コンセプトメイキング

01 お店のキャッチコピーをつくる

02 揺るぎない基準

01 お店のキャッチコピーをつくる

お店を「一言」で表現する

お店をつくる際、信念を積極的に口に出していくと言いました。どうして自分の信念を言葉にする必要があるかというと、それがお店のコンセプトにつながるからなのです。頭の中で考えていた想いを周囲の人に話していくうち、かなり具体的なものになってきたと思いますが、それを紙に書き出してください。最初は長い文章になってしまうかもしれませんが、どんどん無駄な部分を削ぎ落としていきましょう。最終的にできた言葉が、あなたのお店のコンセプトを一言で表すキャッチコピーです。

これからあなたがお店について誰かと話す時、ほぼ１００パーセント「どんなお店？」と聞かれることは間違いありません。たとえば、それは融資を受ける際や物件を借りる際にも起こるでしょう。その時の答えは、簡潔な言葉であるほど強く、明確に相手の心へと伝わっていきます。長々と話したとしても説得力が出てくるとは限りません。

実際にお店がオープンした後、初めて足を運んでくれたお客さまに「ここはどんなお店なんですか？」と質問された時、説明に何十分もかける時間はありません。一言で端的に「こんなお店です」と答えられることは大変重要です。

それだけにキャッチコピーには時間をかけて取り組んでほしいところ。この言葉が浸透していくに従って、お店の〝顔〟のような存在へと変わっていくのです。そもそも、キャッチコピーとは広告で使われる「人の心を掴むための文章」のこと。一度、概要を勉強しておくと、ウェブサイトやダイレクトメールなどをつくる際など、お店のさまざまなシーンで役に立つはずです。

また、僕自身も何度も経験していることですが、お店づくりは実に多くの人々が関係してきます。全員が「一つのお店をつくる」という目的に向かって動く際、コンセプトが的確に表現されたキャッチコピーがあれば、想いを一瞬で共有することができる点も見逃せません。まず、つくる側が共有できるものでなければ、お客さまからの共感を得ることは難しいでしょう。

概念を具現化する

コンセプトを固める

↓

キャッチコピー（店名を補足する頭題）を考える

↓

ステートメント（宣言文）を作成する

↓

店名

［例］

副題

Life With Outdoor, Garden, Pet & Kids

店名 → Park Style

POINT

- ●概念を具現化する
- ●相手に向けての強いメッセージ

N
RECYCLE
W

Pass the Personal Culture.
Pass the Baton.

PASS THE
BATON

Make a statement

ステートメントをつくる

01 コンセプトでは語り尽くせない部分を補足する

02 原稿用紙1枚分程度を目安に

01

コンセプトでは語り尽くせない部分を補足する

POINT

●宣言文はだらだらと書かない
●キャッチコピー、宣言文、店名は互いに補完関係にある

このお店のルールは至ってシンプル。
毎月１回ショップ内容が生まれ変わります。

毎月 20 日。毎月１回の once A month の日。
毎月 20 日、このお店をのぞいてみて下さい。
きっと、お店の風景は一変していることでしょう。
毎月 20 日を楽しみにしていて下さい。
きっと、何か新しいものがそこでは発見できるはずです。
毎月 20 日、お店で話しかけてみて下さい。
きっと、そこでしか会えない人々がいるかもしれません。
毎月 20 日、出会える風景、出会えるもの、出会える人々。
毎月 20 日、人々が集う広場のようなお店を、ここパルコ内に。

お店という存在、その営みに一定のリズムと躍動感を。
「once A month」
パルコ初の試みとなる直営展開ショップには、月に一度とは言わずに、
二度でも三度でも足を運んでみて下さい。
そして、もう一度、お店を眺めることの楽しさを、
コミュニケーションが生まれる楽しさを、買い物をする楽しさを、
このお店で味わって下さい。

once A month ステートメント

キャッチコピーを補う４００文字

コンセプトをキャッチコピーのレベルまで落とし込むことができれば、次に考えていくのはお店のステートメント（宣言文）です。「宣言」という言葉を使っているので、社会に対するメッセージのように思われるかもしれませんが、そうではなく、キャッチコピーを補足するために必要な説明用のテキストだと考えてください。「説明文」と言い換えた方がわかりやすいかもしれません。

もちろん「どんなお店？」と質問された際には一言で「こんなお店です」と答えられなければいけませんが、そこで「もう少し詳しく教えてください」となった際に説明すべき内容をまとめたものです。お店のウェブサイトのコンテンツで〝about〟というところに書いてある文章が、おおよそここでいうステートメントに当たると思います。

02 原稿用紙1枚分程度を目安に

お店の方向性が明確になる

端的なキャッチコピーだけでは言いきることが難しい内容を補足するためとはいえ、ステートメントをダラダラと長く書くのは逆効果。最長でも原稿用紙1枚分くらいでしょうか。あまり短くてもキャッチコピーを補いきれていないということにつながるため、４００文字以内を目標に書いてみてください。

僕が手掛けた中でわかりやすい例としては、２０１０年に福岡パルコの1Fにオープンしたonce A monthが挙げられます。ここはコンセプトとして〝Always New〟という言葉を掲げたセレクトショップですが「毎月1回、テーマに応じてお店の内容が変わる」お店です。ウェブサイトに掲載されているステートメントも僕が書いていて、要約すると「月に一度、何か新しい発見ができる楽しさを提供します」という内容にしました。あらためて数えてみたところ、やはり４００文字以内に収まっていました。気持ちのいい長さなのでしょうね。

キャッチコピーと、ステートメント、店名は互いに補完関係にあり、響き合っていくものです。どれも納得がいくまで練り上げてください。

■ステートメント例

SFT

THE NATIONAL ART CENTER, TOKYO
MUSEUM SHOP + GALLERY
SOUVENIR FROM TOKYO : BY CIBONE

私たちには見えます。「あらゆるもの」が等価に結びついている風景が。
最新のもの、古くて懐かしいもの、エレガントな高級品、
キッチュで愉快な日用品、土着のもの、遠くでできたもの、
有名人がつくったもの、アノニマスなもの、そのどれもが同じ地平に立つ風景。
そして、その場所で営まれるのは、誰かが既に決めてしまった「あらゆるもの」のイメージを軽々と逸脱し、圧倒的な編集能力をもって、新鮮な驚きを形づくること。私たちが暮らす、ここ東京では、そんなものの見方やつくり方をすることができます。
そして、その姿勢こそが、SUSHIとかSUMOとかの次に、私たちが世界に向けて発信したいと願うひとつのやり方です。
スーベニア フロム トーキョー、いまの東京でもっとも熱くわくわくする空気を凝縮させた場所。混沌の中に潜む、美しさを知る私たちが、心を込めて届けるセレクションの妙。さあ、見てください、東京の想像力を。
感じてください、混沌美が醸成する自由さを。
そして、世界と繋がるスーベニア フロム トーキョーで、
また新しいセカイに繋がって下さい。

Souvenir From Tokyo - From underground to mainstream, Tokyo is a radical jumble of contrasting elements where the new and nostalgic, the most elegant luxury and everyday kitsch, the domestic and exotic, the famous and anonymous all exist side by side. The cutting edge mix we present is a product of our ability to see beyond existing attitudes and create a new editorial process that reflects the imagination, energy and chaotic beauty that make up today's Tokyo and its attitude to art and design. In the same way Japan has given Sushi and Sumo to the world, we now present an internationally flavored, but Tokyo edited, Souvenir From Tokyo.

text: Yoshitaka Haba

SOUVENIR FROM TOKYO ステートメント

QIPS

想像する。思考する。手を動かして、書き記す。無から有へと存在を産み出す。
ステーショナリーとは、そんな私たちの創造を喚起する道具。

現代における都市生活を生きる、私たちにとって必要な道具とは？
利便性が高く、機能的であることはもちろん、
何時でも何処でも持ち運べる要素は必須。
ただ、それだけでは物足りなく、味気無いことも事実。

都市の中で生活し、移動を続ける私たちと日々を過ごす道具だからこそ、
感情的で、どこか愛着を抱けるようなもの、
さらにはそのもの自体、知的で創造性に満ちていれば、より相応しい。

「QIPS」は、“ Quest for Innovative Personal Style ” の意。
いつだって新しい個人のスタイルを探求する場所。
新たな創造が産まれ続ける都市生活において、
必要不可欠な道具たちと出会える場所。
そんな創造を産み出す都市生活者のための停泊地。

「QIPS」では、ここ香港から、世界中へと移動を続ける、
都市生活者のための創造の道具を、
日本のステーショナリーを中心に取り揃え、発信していきます。

QIPS ステートメント

■ステートメントを書いてみよう

400文字以内

POINT

●店名やコンセプトでは語り尽くせない内容を簡潔にまとめ、なるべく全てを文章に盛り込む
●文章が長く続かないよう、こまめに文章を区切る
●倒置法や体言止めなどの手法は効果的

Think the shop name

店名を考える

01 シンボリックに短くコンセプトを表現するのが「店名」

02 個人的には、店名は英語か日本語

03 立地状況を店名にすることも

01

シンボリックに短くコンセプトを表現するのが「店名」

コンセプトを覚えやすい言葉に

自分自身の強い信念がコンセプトとなり、そのコンセプトがキャッチコピーに。そして、キャッチコピーを補足するものがステートメントになっていくわけですが、ほぼ同時進行で考えなければいけないのが「お店の名前」です。もしかすると、この段階に至るまでに思いついた候補があるかもしれませんが、まずは僕なりの店名の考え方の基本となる部分を説明しておきましょう。

第一に使う言語は「日本語」か「英語」がほとんどです。お客さまが目にした時に、何となくでも読むことができて、意味が理解できることが大前提だと考えているからです。よくフランス語やそのほかの外国語を使った店名を目にしますが、発音ができないというのは想像以上にストレスが溜まります。よほどのことがない限りは避けたいと思っています。

言い換えれば、お店を通じてやりたいこ

SOUVENIR FROM TOKYO - FR
NOSTALGIC, THE MOST ELEG
THE CUTTING EDGE MIX WE P
THE IMAGINATION

とが見えてこない言葉は、あまり店名としてふさわしくないといえるかもしれません。お店の名前とコンセプトに距離ができると、どうしてもブレが出やすくなります。

　商業施設の名前は、英語をはじめとする外国語3文字から4文字でまとめる傾向が強いですよね。たとえば、首都圏の駅ビルとして数多く展開しているATRE（アトレ）もその一つ。

　この「アトレ」とは、もともと「魅力」を意味するフランス語である〝attrait〟に由来したネーミングだそうです。そこに意味は込められているものの、より口に出した時の響きを重視しているので、どんどん意味そのものは薄くなっていきます。

　もちろん、店名はお客さまに覚えてもらえたら嬉しいものですし、強いものだと思うので、この方法は間違いではありませんが、個人的には、やはりお店の名前には強い意味を持たせた方がいいと思っています。

02

個人的には、店名は英語か日本語

TOKYO POP UP STORE（シンガポール）

店名は口に出した時の響きも重要

SOUVENIR FROM TOKYOをはじめ、Tokyo's Tokyoやonce A monthのように、僕自身が関わってきた仕事の中でも代表的なものを振り返ってみると、お店の命名は英語を使ったものが圧倒的に多いような気がします。しかも、一つの単語ではなく、フレーズになっているものばかりです。

これは海外からのお客さまにも店名から意味が伝わるようにと考えているからです。もちろん、日本語は美しい言葉だと考えていますが、海外からのお客さまも視野に入れると、個人的には英語に一歩を譲るところがあるのではという視点が僕の根底にあるからだと思います。

英語でお店の名前をつくっていく場合は、SOUVENIR FROM TOKYOのように、長くなったとしても〝SFT〟と略称で呼んでもらえるように工夫したり、once A monthのように、口に出した時の響きを考えて韻を踏んでみたりもするわけです。

大塚呉服店 京都

歴史や土地を命名のヒントに

とはいえ、逆に日本らしさを前面に押し出したネーミングが効果的な場合は、僕も積極的に日本語を使うようにしています。

たとえば、2012年に京都の八坂の塔のふもとにオープンした大塚呉服店。もともとWAKONという名称で展開をしていたのですが、ブランドを再構築する際、原点に戻りましょうと提案し、最初の屋号である「大塚呉服店」というストレートな店名に。“WAKON”は「和」の「魂」からきたネーミングだと思うのですが、耳で聞いた時に意味がわかりにくく、何の店なのかを想像することが意外と難しく感じられました。

その点「大塚呉服店」という店名であれば、これは間違いようがありません。歴史や品格も感じさせますし「名は体を表す」を地で行く直球の命名になりましたが、京都の八坂の塔から程近い立地と合わせて、素晴らしいお店になったと自負しています。

03

立地状況を店名にすることも

土地の空気を感じさせるネーミング

また、日本語を使った命名といえば、2012年から新潟の老舗ニット専業メーカーである有限会社サイフクのプロデュースワークもそうですね。中川政七商店の中川淳さんや丸若屋の丸若裕俊さん、『Discover Japan』の高橋俊宏さんと一緒にやっていた仕事ですが、ここでつくられたポンチョを〝mino〟と命名。厳しい雪国の冬を乗り越えるために古くから使われてきた雨具・防寒具である「蓑」の現代版というところから発想したネーミングですが、すっと腑に落ちるものになりました。

それから、もう一つの例として、2014年に島根県出雲市でオープンした土産物店「えすこ」を挙げておきたいと思います。

店名である「えすこ」とは耳慣れない言葉ですが、これは地元の方言である出雲弁で「ちょうどいい」とか「いい具合」という複数のニュアンスを内包した言葉です。僕のアイデアではなく、クライアント側か

出雲 縁結びの国

えすこ

えすこ

POINT

- 海外からのお客さまに意味が伝わるように
- 長い店名は略称で呼んでもらう工夫を
- 覚えやすさが大切
- 口に出した時の響きも考える
- 立地状況から発想する

ら出てきたものでしたが、地元ならではの発想に感心してお店の名前に決定しました。

さきほどお話した大塚呉服店とは異なり、知らなければ意味がわからないという変化球ですが、もちろん、ここにも大切な理由があります。あえてわかりにくい方言を店名にすることで「この〝えすこ〟って、何の意味なんですか?」という問いかけからコミュニケーションが生まれます。出雲大社の正門前という最高に恵まれた立地のギフトショップですから、出雲弁は好適ですし、濁点がないので口に出した時の音の響きにも優しいイメージがあります。新しいお店ですが、地元の言葉を店名にしたことで、地元の方にも観光客の方にも、ずっと昔からそこにあるような空気感が出せたと思います。

ほかにもTokyo's Tokyoのように、立地や状況をそのまま店名に入れていく方法もありますが、これはその土地を代表するような形になるので、よほど自信がある人以外は躊躇するかもしれませんね。

Goods merchandising
商品MD

01 店名やコンセプトが決まっていれば、自然とお店に置く商品は決まる

02 バイイングは感覚だけではない

03 好みの商品が売れるとは限らない

04 売れない商品も、お店にとっては大事な財産

05 商談は、ただの売買の話ではなく、取引先との信頼関係の構築

06 成功も失敗もすべて経験。経験を積み上げることで、失敗は減り、成功は増える

SHISEIDO THE GINZA

01 店名やコンセプトが決まっていれば、自然とお店に置く商品は決まる

仕入れる商品の大枠は決まっている

ここからは商品に関するさまざまな事柄についてお話していきます。専門用語では「マーチャンダイジング（ＭＤ）」と呼ばれるものになりますが、一言で説明すると、商品やサービスを最適な場所・時期・価格・数量で提供するための考え方ですね。

大前提として知っておいてほしいのは、自分の信念から生まれたコンセプトからキャッチコピー、ステートメント、店名に至るまで決まっていれば、自ずとお店に置く商品の大枠も定まってくるということです。

それらを一つの基準として商品を選んでいく作業へと移っていくのですが、個人の方の場合、その順番が逆になっていることが往々にしてあります。まず商品ありきでお店のコンセプトを考えるのは非常に難しく、ブレや迷いを生む原因につながりやすくなります。あらためて大切なのはどちらなのかを考えてみてください。

商品そのものだけを買うのならば、インターネットの通信販売や大型ディスカウントショップの方がリーズナブルに購入できる時代です。価格の面だけで優位性を保つのは非常に難しい。お客さまが個人のお店に求めているのは商品そのものではなく、店主の信念によって選ばれた商品の背景にあるストーリーだと考えています。

極端な例を出しますが「現代のセレクトリサイクルショップ」と銘打ったPASS THE BATONが新品ばかりを扱っていたり「日本の工芸を元気にする！」という信念を掲げた中川政七商店が海外製の商品を主力にしていたら、どのように思われるでしょうか。

繰り返しになりますが、多くの人から共感を呼ぶ大義が体現されているからこそ、これらの店は多くの支持を集めているのです。コンセプトなどが決まっていれば、自ずとお店に置く商品の大枠は定まっていきます。

02

バイイングは感覚だけではない

SOUVENIR FROM TOKYO

明確なコンセプトに添った商品選び

自分のお店ですから、どんな商品を選んで仕入れても構いません。でも「好きだ」という理由だけでは商品選びの基準にはなりません。実際にいらっしゃるお客さまにも「ここは何の店なんだろう？」と信念が伝わらない残念な結果になることでしょう。

人気のあるお店の品揃えは、どんなに一貫性がないように見えても、その裏には必ず明確な信念に裏打ちされたコンセプトが存在し、それに添った商品が選ばれているという事実を忘れないでほしいと思います。

たとえば、僕が関わったお店を例に挙げると、SOUVENIR FROM TOKYOには実に幅広いジャンルの商品が並べられています。一見するとバラバラに見えるかもしれませんが、それらはすべて「世界中からさまざまな人やモノが集まる東京」を表現し「知名度やジャンルにとらわれることなく、東京的視点でお届けする」というコンセプトに

商品を仕入れるときに考えるべき指標

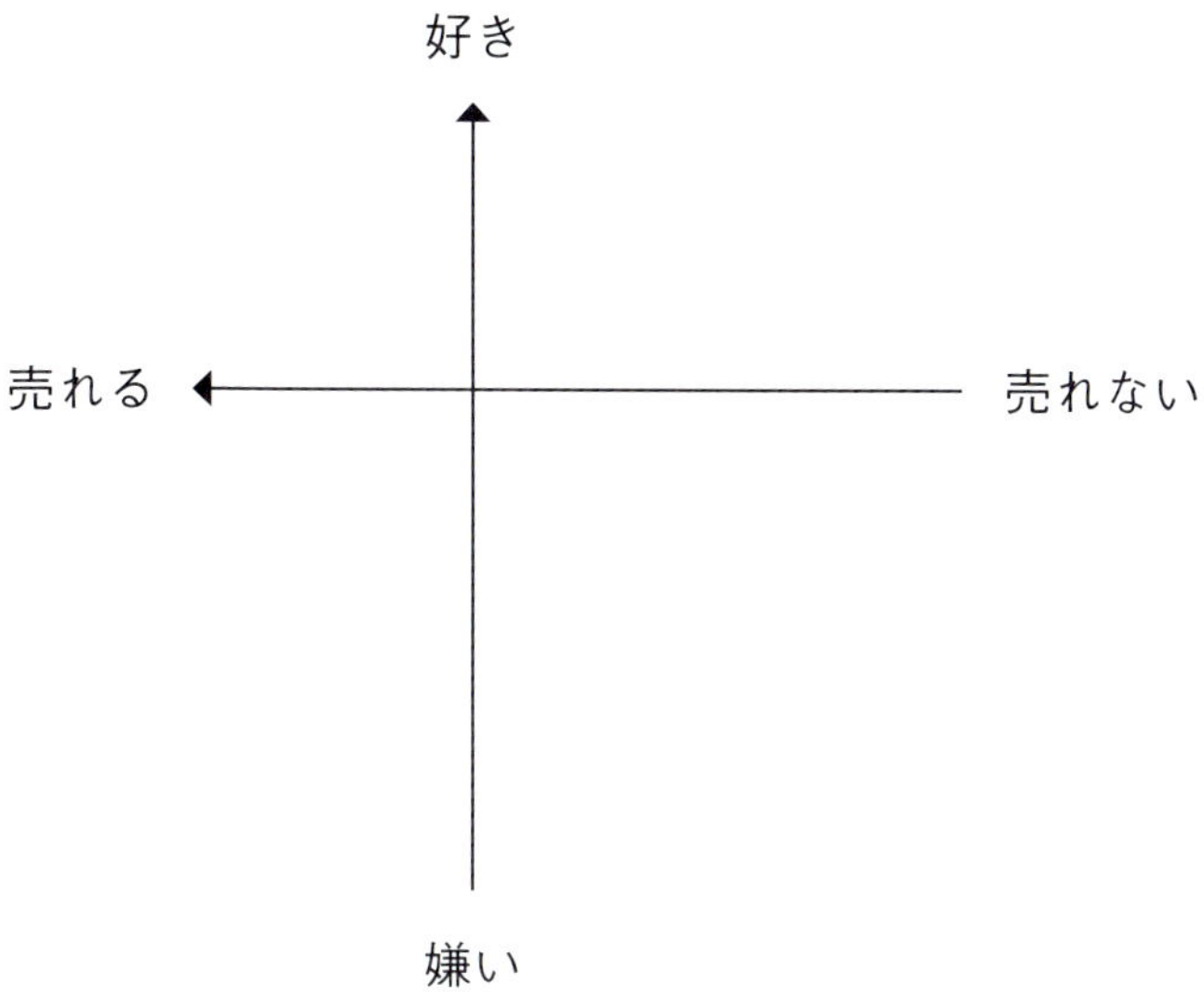

POINT

●好みだけで仕入れてはいけない
●コンセプトに合った商品を選ぶ

基づいています。しかも、それを〝Souvenir（土産物）〟という定義に落とし込んでいるからこそ、漫画からアートブック、伝統工芸品から若手デザイナーのつくった野心的な作品に至るまで共存できる空間になっています。「何でもお土産である」と言いきる強さがこのお店にはあります。

　こうしたジャンルの壁を飛び越えた挑戦は、僕にとっても初めての経験でした。今から振り返ると「商品を選ぶ際にジャッジの基準をどこに置くか」ということについて、とても真剣に考えさせられたプロジェクトだったと思います。

　もう一つの例として、Village Vanguardを挙げておきましょう。本来は書店なのですが、雑貨やCDなどが山のように積み上げられた店内は、とてもそうは見えないかもしれません。しかし、Village Vanguardのコンセプトは「遊べる本屋」ですから、実は何も間違っていないとわかるはずです。

03

好みの商品が売れるとは限らない

私の好きなモノは売れないモノ？

さきほど「自分のお店ですから、どんな商品を選んで仕入れても構いません」という言い方をしました。しかし、どんなに良い商品だったとしても「自分の好きな商品は必ず売れるはず」という思い込みには残念ながら何の根拠もありません。それはお店をやりたい人やバイヤーになりたい人の大半が持っている幻想なんです。

もちろん、自分の好きな商品が満載のお店にお客さまがひっきりなしに訪れて、どんどん商品が売れていく状態が理想ですし、そこを目指すのは間違いではありません。ただ、僕の経験からいえば、開店当初からそんなに上手くいくことはありえませんし、何度もトライ&エラーを繰り返して少しずつ軌道修正しながら成長していくものです。

信念に基づいた基準に合っていれば、思い入れのある商品を仕入れることは正しいとはいえ、すべてが「私の好きなモノ」で埋め尽くされてしまうと、一方的な押しつけがましさが感じられてしまいます。

商品を選ぶ際、僕が念頭に置いているマトリックスは、X軸が「売れる」「売れない」の販売面、Y軸が「好き」「嫌い」の感情面で構成されています。注意してほしいのは、それが大きく偏っているという点です。

83ページの図を見ていただければわかると思いますが、困ったことに「好き」で「売れる」範囲というのは、驚くほど狭いんですよ。次の「嫌い」で「売れない」という商品は、そもそも仕入れたくないわけですから論外。そうなると、実際のところ「好き」だけれど「売れない」商品と、「嫌い」だけれど「売れる」商品の狭間で葛藤したり、やりくりしていくことになります。

現実にはこれほどはっきり区別が出るわけではありませんが、お店をやっていく上で、どうしても否定できない部分です。ここは本当に重要なポイントなので、必ず心に留めておいてほしいと思います。

POINT

- どんなに良いモノでも売れるとは限らない
- 好きなモノと売れるモノは違う
- センス、感覚だけで仕入れるのは危険

04 売れない商品も、お店にとっては大事な財産

売れない商品はお店の財産

商品を仕入れる際「売れる」「売れない」だけで判断すると、そこには信念がないわけですから、非常に面白くないお店になってしまいがちです。それに「売れる」モノばかりを仕入れたとしても、自然と順位はつきますし、その中から必ず「売れない」モノが不思議と出てきてしまいます。

特に僕が大切にしてほしいと思うのは「好き」だけれど、なかなか「売れない」モノたち。そういった商品には店主の想いが詰まっているわけですから、自然とお店を体現する存在になっていきます。商品そのもののグレードが高い場合が多く、お店の品格をアップしてくれたり、ほかの商品を良く見せる効果も。MDでは「見せ筋」といったりしますが、これがあるだけで売り場の雰囲気がまったく変わります。「売れなくてもいい」。これが私の信念なんだ」という決意表明のようなものかもしれません。

そうはいっても、やっぱり「好き」だけれど「売れない」モノもきちんと売る努力をしなければいけません。これは在庫の問題に関わってくる点でもありますが、極端な話、商品が売れないという辛い経験をしないことには、なかなか本気で売るための努力はできないものなんです。結局「どうして売れないんだろう?」と考える行為が、より良いお店づくりへとつながっていきます。

シビアな話になりますが、本当に必死になるのはそこからです。利益だけを見ると「売れない＝悪い」になってしまいますが、在庫を糧にして見えてくるものがあるという点では、お店の大切な財産といってもいいのではないでしょうか。

これからお店をつくった際に「自分の好きなモノが売れない」という事態に直面すると、まるで自分自身のセンスがすべて否定されたかのような感覚に陥るかもしれません。でも、それは誰もが通る道ですから、気を落とさずに前を向いてほしいと思います。

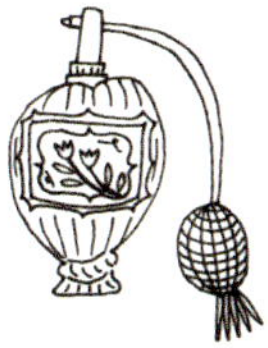

POINT

- 商品が売れないことを経験しないと目利きはできない
- 在庫もお店の大切な財産

(SHOP) by method　撮影：神ノ川 千早

05 商談は、ただの売買の話ではなく、取引先との信頼関係の構築

取引先との関係は信頼が第一

当然のことですが、お店に並べる商品はどこからか仕入れてくる必要があります。どんなに立派な空間ができたとしても、販売する商品がなければ、お店は成り立ちません。お店づくりを夢見ている方は、この部分が抜けている場合が多く「仕入れは問題なくスムーズにできる」という幻想に支配されているかもしれません。

脅かすわけではありませんが、これからお店を立ち上げる個人の方が新規で取り引きをお願いするには、想像以上に高いハードルが待ち構えていると考えてください。

まず自分が選んだ商品の仕入先を探し、次に連絡を取り、自分のお店の説明をしなければなりません。ここでコンセプトに納得してもらえなければ、そこで終わりです。

相手も商売ですから、何の実績もない新規の取引先との付き合いは、まず慎重になると思って間違いありません。そこを何と

POINT

●仕入先と裏表のない信頼関係を築く

かするのはもう熱意しかないでしょう。取り引きしていただくまで何度でも相手のところへ通うくらいの気持ちが求められます。

仕入先とは長い付き合いになりますし、お互いに信頼できなければ、とてもやっていけません。良いお店は必ず仕入先を大切にしています。僕がmethodで特に重要視しているのも、一つひとつの仕入先と裏表のない信頼関係を構築することです。

たとえば、一軒のセレクトショップをつくるためには、どれくらいの仕入先と商談をする必要があると思いますか。もちろん、レイアウトやディスプレイによって変わってきますが、僕の経験では大体30坪くらいの広さで約50社が目安。断られることや未来のことまで考えると、目標は80社から１００社です。

まずは、合同展示会や見本市のようなイベントを積極的に活用してください。日々の暮らしの中で見つけた素敵なモノをメモに取る癖をつけるのもいいですね。それも積み重ねの一つです。

1.

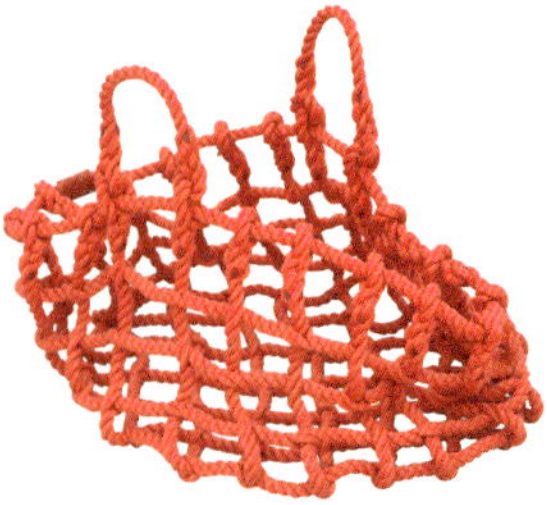

2.

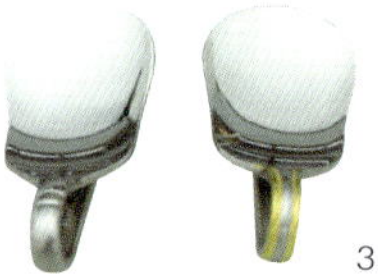

3.

4.

Yu Yamada Private Item

ヤマダユウが私物として愛用しているアイテムや、
愛蔵する作品などをご紹介します。

5.

6.

7.

1.TARASUKIN BONKERSが作る、ロープを流木に巻き付けた小さなほうき　2.藤城成貴デザインの多機能なカゴ「Knot」　3.DOUBLE thinkのプロダクトの1つ「PSYCHIC MONEY CLIP」　4.植物の造形美をテーマにした「Sola Cube」　5.渡辺遼による鉄製の造形作品　6.ウニの標本をキノコに見立てた、吉村紘一の作品「UNINOCO」　7.Gustaf Nordenskiöldが制作した「Quoke mug」

8.

9.

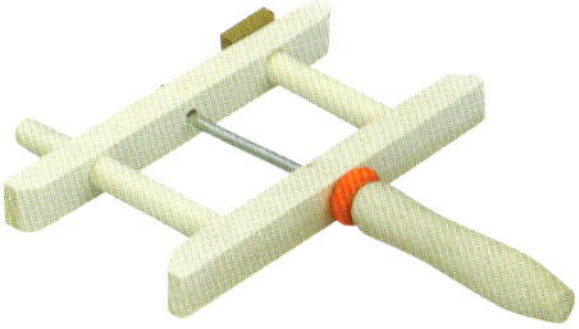
10.

11.

12.

13.

14.

8.Eclectic by Tom Dixon の銅製ボウル　9.Playmountain で購入した、アメリカ・メイン州の The Original Tree Swing のパチンコ　10.Swimsuit Department で購入した木製リール　11.Peter Ivy のシャボン玉を保存するガラスの器　12. 木下宝によるガラスのオブジェ「Tomb」13. 古賀充が製作した地球儀状のオブジェ「globe」14. 二俣公一がデザインした「SHOE STOOL」

06

成功も失敗も、すべて経験。経験を積み上げることで、失敗は減り、成功は増える

(PLACE) by method

経験の積み重ねがセンスを磨く

商品の仕入れ、つまり、バイイングはセンスが必須だという意見をよく耳にします。でも、本当にそうなのでしょうか。僕自身、2001年にIDÉEでバイヤーとして働きはじめた頃は、周囲に誇るセンスはおろか、商品についての知識もあまりありませんでした。

学生時代にモノが好きだったかといえば、それも人並み程度でしたし、特にこだわりが強いわけでもありませんでしたから、とにかく「自分がバイイングを担当して本当に大丈夫なのかな…」と怖かったことを覚えています。

それでもやるしかなかったので、そこからはとにかく必死で勉強しました。本を読んだり、休みの日に評判のお店を見て回ったり…。当時の上司は後にCLASKA Gallery & Shop "DO"を手掛ける大熊健郎さんですから、誰が見てもセンスの差は歴然としています。何とかして自分も足を引っ張らないようにとがむしゃらに頑張っていた時代でしたね。その

頃から僕はセンスよりも経験を積み重ねていくことを重視しています。

たとえば、さきほど例に出したX軸が「売れる」「売れない」の販売面、Y軸が「好き」「嫌い」の感情面で構成されたマトリックス。あれからもわかるように、商品の仕入れはセンスのような曖昧な感覚に頼るのではなく、もっと具体的に捉えていくことができるものです。そして、さまざまな経験をしていくうちに、バイイングのセンスも少しずつ磨かれていくと考えてください。

どんなことでも同じだと思いますが、いわゆるセンスというものは、論理的な判断が難しい選択肢があった時に、どちらを選ぶかという場合にもっとも効力を発揮します。いわば、最後の決め手のようなもの。最初から頼るべき土台にすべきではありません。

ベースとして持っておくべきは経験。成功も失敗もすべてが経験です。試行錯誤して経験を積み重ねていくうちに自然と成功は増え、必ず失敗は減っていきます。

(PLACE) by method

POINT

●センスは経験と知識から培われる

TOKYO TOWER GOODS

Tokyo Tower Goods

「東京タワーのいちばんの個性は、その色です」というコンセプトから生まれた新しいスーベニール

企画 / 販売　日本電波塔株式会社
クリエイティブディレクション　山田 遊（method）
アートディレクション / デザイン　林 洋介（14sd）

既に販売を終了している商品もあります。

TOKYOTOWER

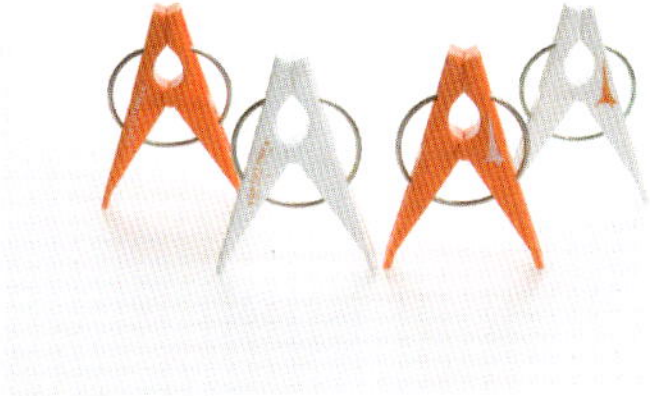

東京ノート
日本電波塔
333

TOKYOTOWER

TOKYOTOWER
TOKYOTOWER

TOKYOTOWER

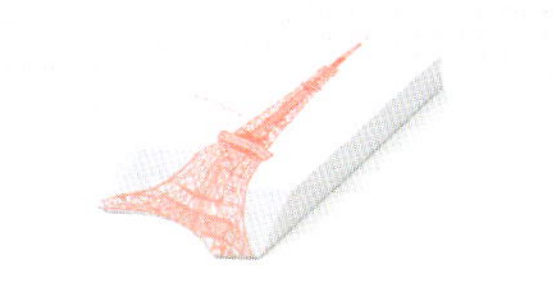

TOKYOTOWER

THE COFFEE HOUSE BY SUMIDA COFFEE

THE COFFEE HOUSE BY SUMIDA COFFEE

2010年に東京・墨田区で開業した「すみだ珈琲」との商品開発。
コーヒーバッグセットをプロデュース

企画／販売　すみだ珈琲
プロデュース　山田 遊（method）
クリエイティブディレクション　山田 遊、村上 純司（method）
アートディレクション　池田 充宏（DRAWER inc.）

THE
COFFEE
HOUSE
BY SUMIDA COFFEE
ORIGINAL
BLEND

SUMIDAYA MAI

隅田屋米

100 年以上続く東京・墨田区の老舗の米屋。
その看板商品を中心に、全体をブランディング

企画 / 販売　株式会社隅田屋商店
プロデュース　山田 遊 (method)
クリエイティブディレクション　山田 遊、村上 純司 (method)
アートディレクション　加藤 智啓 (EDING : POST)

モノ選びの目を養うポイント

- まずは自分が興味のある1ジャンルを選び、普段からそのジャンルでなるべく多くの種類のモノを見るようにする

- 最初は、見たモノについてメモを取ったり、写真を撮ったりするなどして記録に残しておいた方が好ましい

- 見てきたモノを、まずは自分の直感で「好き」か「嫌い」、または「良い」か「悪い」という視点で分類する

- 特に、自分が「好き」と言えるモノに対しては、そのボーダーラインを強く意識する

- 次に、それぞれのモノを自分なら「買う」か「買わない」か、もしくは世の中で「売れる」か「売れない」か、という観点で分類していく

- そして、それぞれのモノに対して、何で自分がそのモノを「好き」なのか？ もしくは何で「売れる」と思ったか？という理由を考えてみる

- 「好き」である理由、「売れる」という根拠が、自分の言葉で説明できるようになれば、自分自身にモノ選びの基準がしっかりと出来ている証拠

- その基準を自分自身に持ちながら、別のジャンルのモノを見ていく。基準がある場合、自ずと判断のスピードも早くなっていく

第二章　オープンまで

Decide the visual identity

ＶＩを決める

01 パートナー（グラフィックデザイナー）を決める

02 ロゴタイプはお店の顔

03 ショッパーにこだわる

04 ラッピングツールにひと手間かける

05 その他のツール

06 ウェブサイト、ＳＮＳはもう一軒のお店

01

パートナー（グラフィックデザイナー）を決める

POINT

●お店のビジュアルは専門家に任せる
●信念やイメージを明確にしておく

揺るぎない信念をビジュアルへ

第一章ではお店づくりを始めるにあたって必要となるマインドについてお話しました。お店の核となる自分の信念が、専門用語でいうところの「コーポレイト・アイデンティティー（ＣＩ）」になるわけですが、ここからは、その中心となる「ビジュアル・アイデンティティー（ＶＩ）」を決める過程について説明していこうと思います。

突然、ＶＩといわれると難しく感じられるかもしれませんが、要するに「お店のロゴタイプやシンボルマークをはじめとする図案類」です。お店の信念をビジュアルで表現する大切な要素ですから、ここも力を入れて考えておきたいところとなります。

グラフィックデザインの経験がなければ、自分でＶＩをデザインするのは難しいもの。基本的には専門家へ依頼という形になりますが、できるだけ自分の信念やイメージを正確に伝えていかなければなりません。

そこで役に立つのが、第一章のトーンとマナーのところでもお話したキーワードを紙に書き出す方法やインターネットで理想に近い画像を検索する方法です。自分の中にあるイメージの輪郭を少しずつはっきりさせながら、依頼先について検討していきましょう。知人や友人にグラフィックデザイナーがいれば、相談に乗ってもらってもいいかもしれません。何の伝手もない場合は、自分の好きなお店のＶＩを手掛けたグラフィックデザイナーを調べてみることをお勧めします。

Tokyo's Tokyo

T's T

mino

TOKYO
POPUP
STORE

東京

33 DAYS LIMITED STORE
BY 33 CREATORS FROM JAPAN
3/31-5/2

大日本市

えすこ

MARK'STYLE TOKYO

Tie a Ribbon

N
RECYCLE
W

Pass the Personal Culture.
Pass the Baton.

PASS THE
BATON

(S H O P)

by method

minorityrev tokyo

steteco.com
TOKYO LABO

SFT

THE NATIONAL ART CENTER, TOKYO
MUSEUM SHOP + GALLERY
SOUVENIR FROM TOKYO : BY CIBONE

once A month™

fireworks
www.enjoyfireworks.jp

02

ロゴタイプはお店の顔

fireworks

POINT

- 想いのすべてをロゴタイプに込める
- デザインが分からないからと人任せにしない

お店の象徴となるロゴタイプ

最初にパートナーとなるグラフィックデザイナーが決まれば、第一に考えていくべきものはお店のロゴタイプです。どんな形になるにせよ、それがお客さまにとってお店を思い浮かべる象徴になります。その意味では、キャッチコピーと同様、お店の〝顔〟になるものだと考えてください。

特に注意しておきたいのは「デザインはよくわからない…」とすべてをグラフィックデザイナー任せにしないということ。良いロゴタイプをつくるには、コミュニケーションが欠かせません。繰り返しになりますが、この作業でもっとも重要な点は、いかに自分の信念やイメージを正確に伝えていくかということです。グラフィックデザイナーだって、何の手掛かりもないところからロゴタイプを生み出すよりも、あなたが望むものを形にしたいと願っています。綿密に打ち合わせを重ねて、想いを具現化したロゴタイプをつくりましょう。

fireworks

fireworks

fireworks

夏に無数に開かれるであろう、ちいさな花火大会
をお手伝いする花火のセレクトショップ

プロデュース　山田 遊 (method)
クリエイティブディレクション　山田 遊、村上 純司 (method)
アートディレクション　加藤 智啓 (EDING : POST)
協力　株式会社山縣商店

03 ショッパーにこだわる

ショッパーからも想いは伝えられる

ロゴタイプの次に考えておきたいのは、ショッパーやラッピングなどの包装に使うアイテム類です。ショッパーとはお客さまが買った品物を入れる袋のことですが、それ以外にも包装紙やテープをはじめ、リボンやシールといった細々としたものについても検討していかなければなりません。

ただ、個人の方がつくるお店の場合、なかなか予算や在庫の関係から、これらのアイテム類をすべてオリジナルのデザインで製作するのは厳しい可能性があります。

ショッパーを例に挙げると、無地の白かクラフト紙を使った手提げ袋にするケースが多いと思うのですが、そこにプラスアル

POINT

- アイデアを盛り込んで他店と差をつける
- スタンプやシールを上手に活用する

once A month ショッパー　撮影：塚田 比呂子

ファのアイデアを加えてみてください。なぜならば、ショッパーはお客さまが必ず持ち帰るため、動く広告媒体として機能するからです。

たとえば、お店のロゴタイプが入ったスタンプをつくって押す。ショップカードをつくってステープラーで留める。それだけでも無地のものと比べて随分と違ってくると思います。お店の一生懸命な工夫は、お客さまも嬉しく感じるものです。

大塚呉服店のショッパーは、デザイナーの関祐介さんから提案があって、和服を着る時に使う半衿の形の紙を手提げ袋に取りつけたものにしています。個性的でありながら、それほどコストをかけなくても、さりげなく着物を扱うお店だとアピールできる良いアイデアの一つではないでしょうか。

周囲から注目を集め「それはどこのお店の袋なの？」という質問が生まれるショッパーは非常に優秀なコミュニケーション・ツールです。海外の大企業を見ていくと、斬新なオリジナルのショッパーを製作しているところも少なくありません。リプトンだったらお馴染みの紅茶のティーバッグの形、フォルクスワーゲンだったら車の形…。予算があれば、このようにデザインにこだわったものをつくるのも面白いと思います。

ほかとは一線を画するアプローチの例としてはD&DEPARTMENT PROJECTのショッパーも紹介しておきたいものの一つ。ここはお客さまから不要になったショッパーを店頭で回収して、ロゴタイプが入ったテープを貼り、お店のショッパーとしてリサイクルしています。D&DEPARTMENT PROJECTのテーマは「ものを新しくつくらないこと」。消費の現場からのリサイクルを提唱する彼らの信念が見事に体現されていますよね。

さまざまなお店がショッパーを自分たちの想いを伝えるツールとして工夫しています。比較的コストがかからないスタンプやシールなどを上手に活用してみてください。

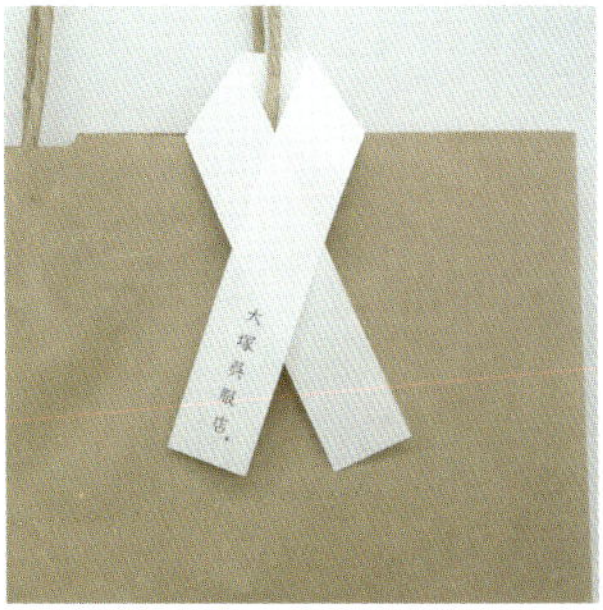

大塚呉服店 ショッパー

04

ラッピングツールに ひと手間かける

準備しておきたい包装アイテム

　ショッパーは最低でも大・中・小の3種類はないと困るでしょう。また、そのほかにも商品のサイズに応じた数種類の袋を準備しておく必要があります。紙袋だけではなく、ポリプロピレン（PP）や布製のエコバッグまで、その素材には選択肢があります。

　お客さまから通常の包装のほか、ギフト対応が求められる場合もありますから、ちょっと豪華に見える質感の袋や特別なラッピングペーパー、リボンなどを各1種類は用意しておくといいでしょう。

　応用範囲が広いのはシールです。お店のロゴタイプを印刷した小さなものだけでもつくっておくと、ラッピングペーパーを留めてもいいですし、ショッパーやダイレクトメールに貼っても便利です。包装に使うアイテム類は、既成品にひと手間かけるだけでほかのお店との差が顕著に出る部分。予算がない時はアイデアで勝負していきましょう。

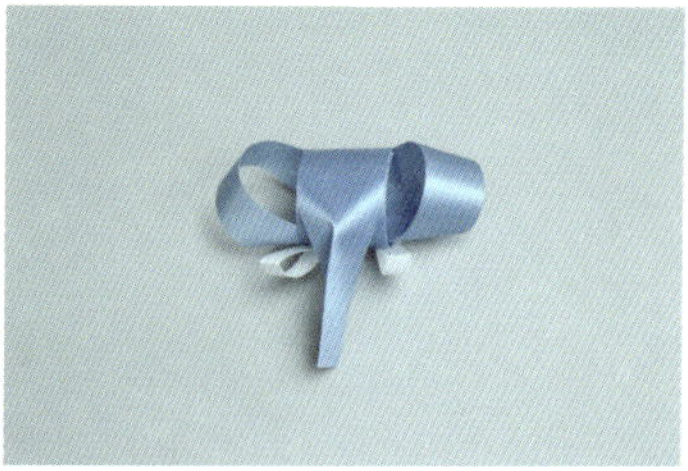

Orbi Yokohama ラッピング用リボン
ART：Ribbonesia

POINT

● 予算をかけなくても一工夫することで、熱意は伝えられる

05

その他のツール

大塚呉服店 ショップカード

POINT

●細かなアイテムだからこそ、手を抜かないように

汎用性の高いデザインを考える

お店の名刺代わりとして活用したいショップカードには、ロゴタイプのほか、お店の住所やアクセス方法、営業時間や定休日、電話番号やウェブサイトのURLといった基礎情報を入れるのが一般的です。

お店の基礎情報は必ずダイレクトメールに掲載するものになるので、よく吟味しておいてください。開店の告知はもちろん、セールやイベントの告知をする場合、ここがしっかりしていないと集客に差が出る結果になりかねません。第三者から見てわかりやすいかどうかを確認しておきましょう。

また、商業施設内のテナントなどで求められることが多い店内サインの製作は、VIを担当するグラフィックデザイナーと内装を手掛けるインテリアデザイナーとの共同作業になるため、いろいろと連携に関して相談が必要なケースがあります。

そして、最後にPOP広告についてですが〝POP〟とは「ポイント・オブ・パーチェス・アドバタイジング」の頭文字で、お店の売り場でよく見かける手書きの小さな商品説明広告のことです。これはお店のスタッフが臨機応変につくる場合が大半ですが、できれば最初にしっかりしたフォーマットをグラフィックデザイナーと考えておくと、お店に統一感を出すことが可能になります。どんな商品を仕入れても使うことができる汎用性の高いデザインにしておくと便利でしょう。

POP広告については後述しますが、個性的な雰囲気の演出に加えて、商品説明の補助や季節の移り変わりのアピールなど、さまざまな役割を担う重要な広告ツールだと考えてください。

VI全般に共通するのは「どこまでディテールにこだわることができるか?」。手を抜こうとすれば、これほど妥協できる点はありません。しかし、ここを疎かにしないお店こそ、完成度の高いお店だと思います。

えすこ POP広告

Tokyo's Tokyo 原宿店
POP広告

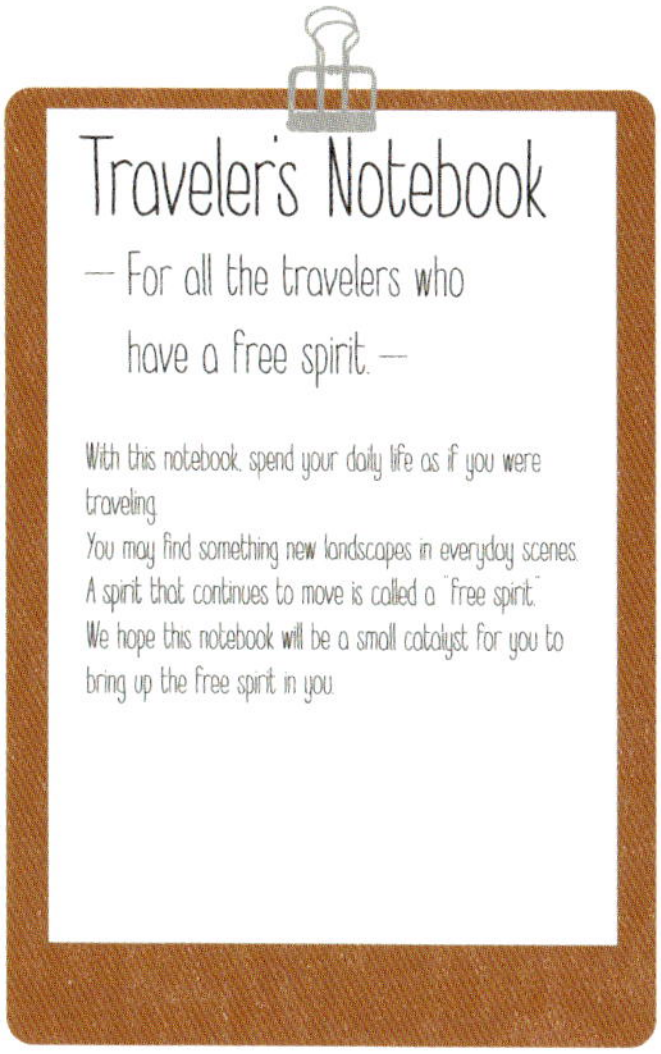
Traveler's Notebook
— For all the travelers who have a free spirit. —
With this notebook, spend your daily life as if you were traveling.
You may find something new landscapes in everyday scenes.
A spirit that continues to move is called a "free spirit".
We hope this notebook will be a small catalyst for you to bring up the free spirit in you.

knoxbrain
Natural Tan Leather
Using 100% vegetable tanning European soft leather. Carefully crafted by skilled craftsman of Japan. The soft leather will change to beautiful light brown gradually due to use. It changes little by little, so you can enjoy the different look of the leather everyday. That's the charm of it.
Notebook A5 Cover $1,200
Pen Case $800
Card Case $800
Document Case $1,700

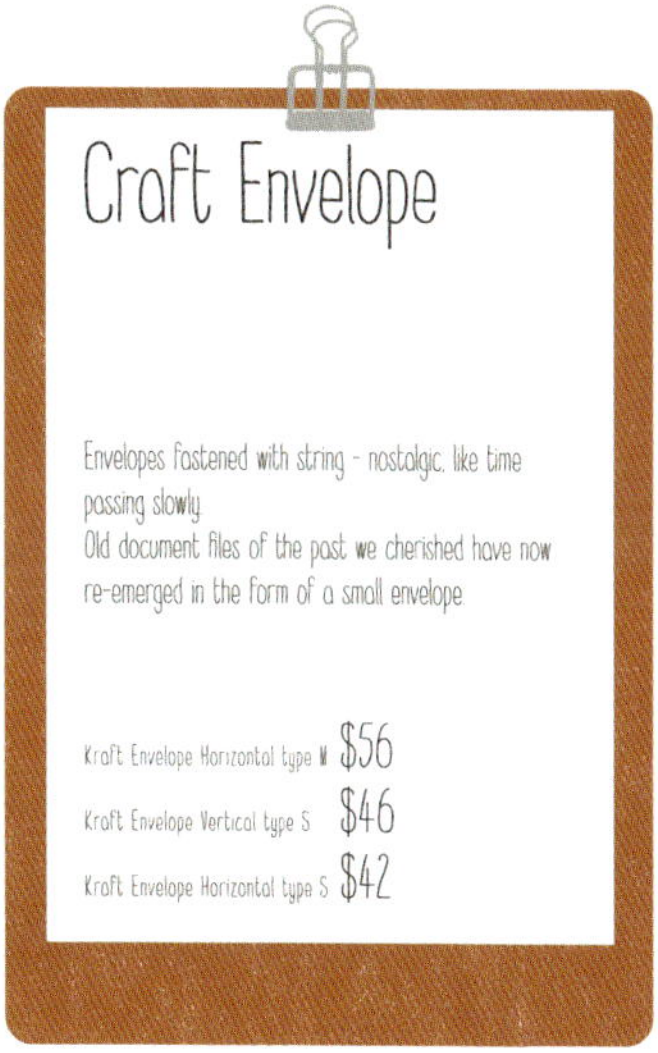
Craft Envelope
Envelopes fastened with string - nostalgic, like time passing slowly.
Old document files of the past we cherished have now re-emerged in the form of a small envelope.
Kraft Envelope Horizontal type M $56
Kraft Envelope Vertical type S $46
Kraft Envelope Horizontal type S $42

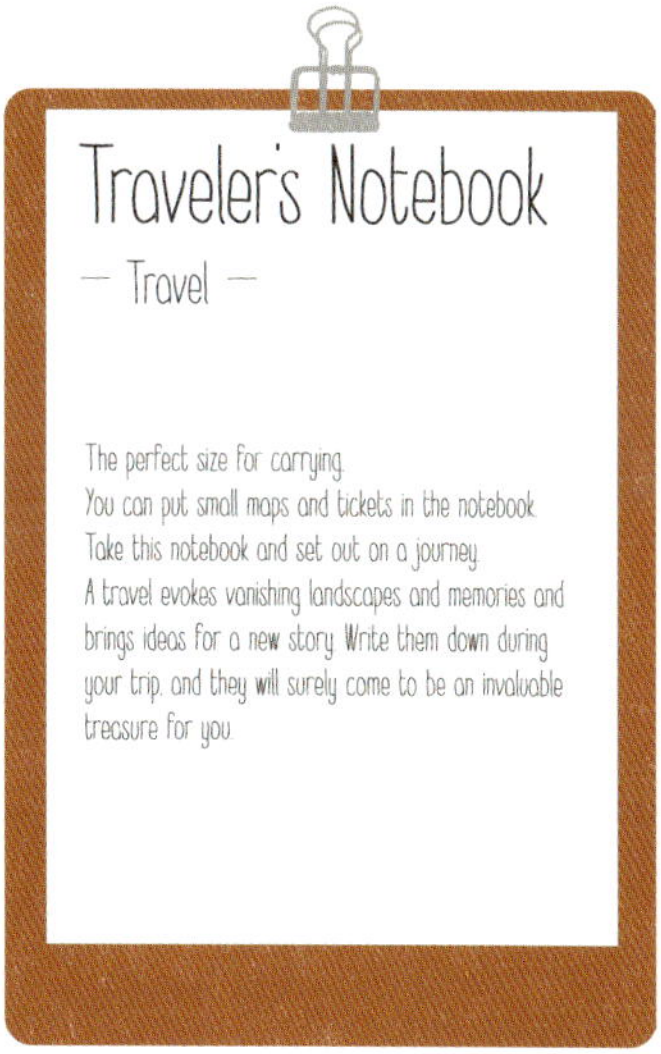
Traveler's Notebook
— Travel —
The perfect size for carrying.
You can put small maps and tickets in the notebook.
Take this notebook and set out on a journey.
A travel evokes vanishing landscapes and memories and brings ideas for a new story. Write them down during your trip, and they will surely come to be an invaluable treasure for you.

QIPS POP 広告

06

ウェブサイト、SNSは もう一軒のお店

POINT

- ウェブサイトは後回しにしない
- ユーザーが使いやすい設計に

ウェブサイトには意志表示が必要

僕が考えるVIを進行する順番は、ロゴタイプ、ショッパー等各種ツール、店内サイン、POP広告、ウェブサイトとなります。それぞれが並行で進む場合もありますし、この順番を守らなければいけないわけでもありません。あくまでも一つの目安だと考えてください。

お店のウェブサイトは「オープンしてからでもいいかな…」と後回しにされることも多いのですが、しっかりしたものをつくるには時間が必要になります。オープンに間に合わせるためには、できるだけ早くから着手しておくようにするといいでしょう。

ウェブサイトをつくる際、もっとも重要なのは、ユーザーが求める情報へ速やかに到達できる構造設計。素人には難しく、中途半端では意味がありません。専門家であるウェブデザイナーの力を借りて立ち上げていく方が確実だと思います。特にオンラ

イン・ストアを考えている場合は、信頼できるプロフェッショナルに依頼して一緒につくっていく方が賢明でしょう。

今の時代、まずお店に関する情報を調べようとすると、インターネットで検索する方法がスタンダードです。そこでアクセスしたウェブサイトの完成度が低いと、お店に対する気持ちは一気に冷めてしまうもの。変にギミックに凝ったりせず、シンプルでわかりやすく、きちんと伝えるべきことが伝えられている方が好感を持ってもらえると思います。第一章で説明したキャッチコピーやステートメントがしっかりしていれば、きっとあなたの代わりに問題なく接客係を務めてくれることでしょう。

当たり前のことですが、インターネットは世界中の人々が利用しているため、あなたのお店のウェブサイトは、日本のみならず、海外の人も閲覧するものだという事実も忘れないでください。言い換えれば、グローバルな意味で、誰もがお客さまになる

Tie a Ribbon ホームページ

Tie a Ribbon ホームページ

可能性を秘めているということになります。

また、忘れてはいけないのは、どのようにSNSを運用していくかという点です。Twitter や Facebook、Instagram に代表されるようなソーシャル・ネットワーキング・サービスは、情報発信の場として上手に活用していくべきだと考えています。ただ、どうしてもSNSはフォーマットとしてはオリジナリティーに欠ける部分があるため、SNSだけで済ませる方法は、あまり賛成できません。基本的には専門家と一緒に構築したお店のウェブサイトを起点に、日々の情報をSNSでニュースとして流していく方がスマートだと思います。

オンライン・ストアの有無に関わらず、ウェブサイトの立ち上げは、もう一軒のお店をつくるようなもの。実際のお店とは重なる部分もあれば、異なる部分もあります。苦労はありますが、用途に応じた運用さえできれば、今の時代において、心強い存在になりうるツールです。

method Tumblr ページ　デザイン：能登夫妻

APEC JAPAN 2010 Gift

国際会議の参加国首脳への贈呈品の選定。新潟県・
燕市でつくられている真空チタンカップのセットが採用

贈呈品製造　SUS gallery
贈呈品選定協力　山田 遊（method）

IMF・WB 2012 TOKYO ANNUAL MEETINGS Gift

2012年、国際通貨基金（IMF）・世界銀行の年次総会の開催に際し、
海外からの総会参加者へ、東北３県の起き上がり小法師を記念品に

記念品ディレクション　立木 祥一郎（tecoLLC）
記念品デザイン　對馬 眞（tecoLLC）
記念品等の選定協力 / 企画・開発コーディネーション　山田 遊（method）

店舗内装を詰める

Pack a store interior

(PLACE) by method

01 依頼先を決定する

02 お客さまを導く「導線」の考え方

03 レジカウンターとストックヤードの位置関係

04 陳列什器の配置は導線で決まる

01

依頼先を決定する

内装のパートナーを決める

VIに関する方向性が固まりつつある頃には、同時にお店の内装やインテリアデザインも進めていかなければなりません。まずはVIと同様、信頼できるインテリアデザイナーや内装業者といったパートナーを見つけて、自分の持っている信念やイメージをいかに深く正確に伝えていくかというところがスタートとなります。

パートナーを選ぶ際には、事前に実績と評判の両方をチェックし、自分の想いをカタチにしてくれる人かどうかを見極めてください。こちらの話を熱心に聞いてくれた上で、きちんと専門家としての意見を出す人が望ましいでしょう。

また、自分の目指す内装やインテリアデザインを言葉だけで説明するのは難しいもの。イメージ共有のために雑誌やインターネットから探し出した画像をコラージュして、明確なイメージを相手と共有すると、ブレが出にくくなります。

02

お客さまを導く「導線」の考え方

限られた空間を最大限に生かす

内装のポイントは幾つかあるのですが、最初に気をつけなければいけないのは、お客さまの流れを導く「導線」の考え方。どんな商品を扱うにせよ、基本的にお店というものは、滞在時間が長ければ長いほど、商品を購入する確率が高くなるといわれています。そのためには人の流れがスムーズになりすぎてもいけません。詳しくは後述しますが、ところどころでお客さまが足を止める「人溜まり」ともいうべきポイントをあえてつくっていく必要があります。

もっとも身近にあるわかりやすい例としては、コンビニエンス・ストアの店内レイアウトが挙げられると思います。入口から想像してみてください。人間は左右に進む選択肢がある場合、無意識で左を選ぶ傾向があるため、大半の方は最初に雑誌のコーナーへと自然に誘導されることになります。

ここは道路に面したガラス張りのエリアですが、きちんと理由があって、雑誌を立ち読みするお客さまの姿を外へ見せることで店内が賑わって繁盛しているように演出する狙いがあります。人が集まっていると「何だろう？」と好奇心が刺激されて、自分の目で確かめてみたくなるでしょう。

そこから右に曲がったエリアにはお弁当のコーナーが、そして、一番奥にはドリンク類が並べられたケースがあります。コンビニエンス・ストアでは飲み物を購入する方が多いため、必然的にこの場所に設定するようになるんですね。一番奥のエリアまで足を運んでもらえるということは、より店内の滞在時間が長くなりますし、足を止めて全体を見回してもらえることになりますから、さらに追加で商品を購入してもらえるチャンスにもつながります。そして、一周してくるとレジカウンターが待っています。

コンビニエンス・ストアは本当に導線がよく吟味されていて、きちんとした流れを構築する一方で、スムーズすぎても購買率が下がるため、随所で足を止めるポイントがしっかりつくられています。もちろん、これが絶対の正解ではありませんが、個人の方がお店をつくる場合、このような点に学ぶべきところは多いのではないでしょうか。

ただ、物件の立地や取り扱う商品によって、店内のレイアウトは変わってきます。雑貨を中心にする場合では、入口からすぐに売れ筋の商品を陳列して、一番奥の場所にレジカウンターを設置することで、お店の中へ誘導していくパターンも多いですね。

この世に一つとして同じお店がない以上、どんなお店にも必ず通用する方法というものは残念ながらありません。成功しているショップは、どれも基本を押さえた上でさまざまな工夫を凝らしています。

コンビニエンス・ストアの一般的なレイアウト

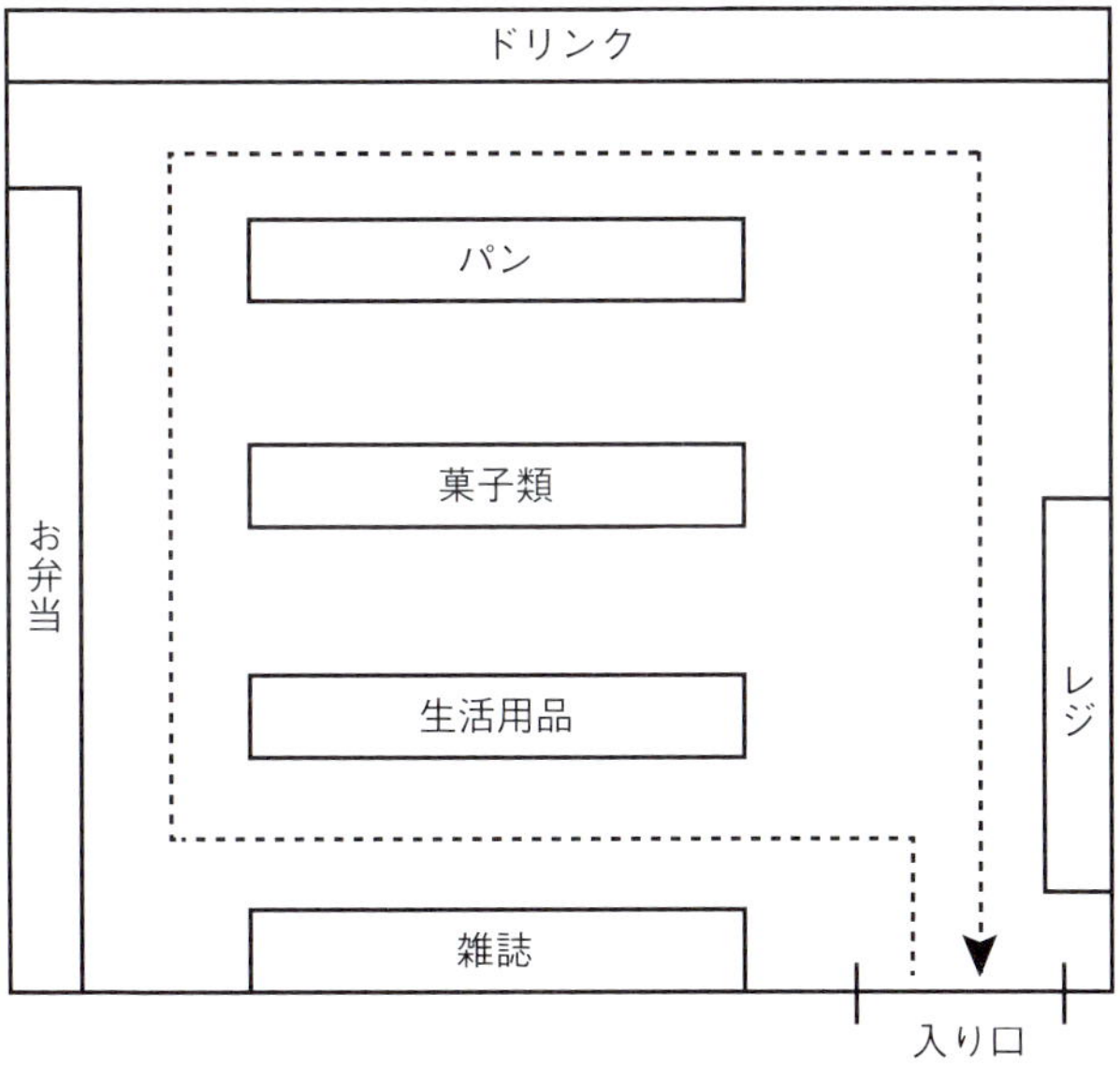

POINT

- お客さまの足を止める「人溜まり」をつくる
- 人の流れがスムーズすぎてはいけない

OMISE PARCO　撮影：井上 彬

03

レジカウンターとストックヤードの位置関係

スタッフの行動起点をどう考える？

セオリーからいえば、レジカウンターとストックヤードの位置は、お店のオペレーションの肝になるところですから、それを先に決定していくという方法もあります。

レジカウンターとは商品を購入する代金を記録するキャッシュレジスターが置いてある場所のこと、ストックヤードとは商品を一時的に保管する場所のことで、どちらもスタッフが行動する起点となります。

僕が関わるお店づくりで目にすることが多いケースとしては、内装のレイアウトを詰めていく段階で、スタッフのオペレーション効率を最優先する考え方があります。今まで僕が培ってきたスタイルからいえば、やはりお店というものは、どこまでいってもお客さまの存在が第一でなければなりません。そこで「スタッフのオペレーション効率を最優先に」と聞くと「ちょっと違うのでは…」と首を傾げてしまいます。

まずはお客さまにとって快適な売り場をつくってほしいのです。その上でスタッフのオペレーションが犠牲にならないようなレイアウトを試行錯誤するべきでしょう。

僕の考え方としては最優先にすべきではないとはいえ、スタッフのオペレーション効率は、やはり軽視できるものではありません。在庫の補充や商品の受け渡しは、できるだけ短時間で済むにこしたことはありませんし、それがお客さまへのホスピタリティー向上へつながっていくのも確かな事実ですから。

もちろん、物件によってはレジカウンターもストックヤードも「ここしかない」という場合もあると思います。個人のお店でなくても、商業施設の中のテナントなどに多い例かもしれません。構造上、仕方ないケースは別として、自由に考えられるのであれば、なるべく両方を近い場所につくるのが理想的。また、ストックヤードだけではなく、商品の保管は什器の最上段や最下段を利用するなど、いろいろな工夫が必要になるでしょう。

Tokyo's Tokyo 羽田空港店

POINT

- レジカウンターとストックヤードの位置はレイアウトの際、優先して決定する
- お客さまにとって快適な売り場であることを第一に

04 陳列什器の配置は導線で決まる

PASS THE BATON MARUNOUCHI

レイアウトは心理的な動きを考慮して

内装を構成する大きな要素として、導線、レジカウンターとストックヤードの位置を取り上げてきましたが、次はいよいよ什器のレイアウトに関するお話になります。

最初に基本的なルールとして知っておいた方がいいのは、導線の時と同じく、人間の心理的な動きを考慮した方が効果的だという点です。遠くから店内を見た場合、まず什器の中央に視線が定まり、次に上に向かい、最後に下という順番になります。

もともと什器の上の方はお客さまの手が届きにくく、また近くまで行くと見えないため、商品を陳列する売場というよりは、お店の雰囲気をつくるためのディスプレイとして使用した方が効果的でしょう。たとえば、丸の内にあるPASS THE BATONでは、店内の中心にネクタイを何段にも吊るした高さのあるタワーを設置していますが、商品の売り場と雰囲気をつくるディスプレイを兼ねた良い例です。

また、お店の一番奥にレジカウンターがある場合、壁面に棚が据えつけられているところが多いのではと思います。大抵、上の方にはオブジェが飾られていたり、凝った意匠が施されていたりしますよね。あれは遠くにあるレジカウンターの場所を印象づけると同時に雰囲気をつくる演出をしているわけです。

お客さまが棚の一つひとつを近くでじっくりと見ていく時は、什器の中央からという始点こそ変わりませんが、左から右へ視線が動いていくことが大半だといわれています。ただ、中央を見た後は遠くから見ていた時とは逆に、順番としては下へと視線が動き、最後に残った上へと向かっていくんですね。

もちろん、このルールに必ずしも従う必要はありませんが、基本的なことを知らずに何となく什器のレイアウトを行うと「何だか商品が見にくいな…」と来店されたお客さまに違和感を与えてしまい、結果的にお店から足が遠のく原因につながりかねません。

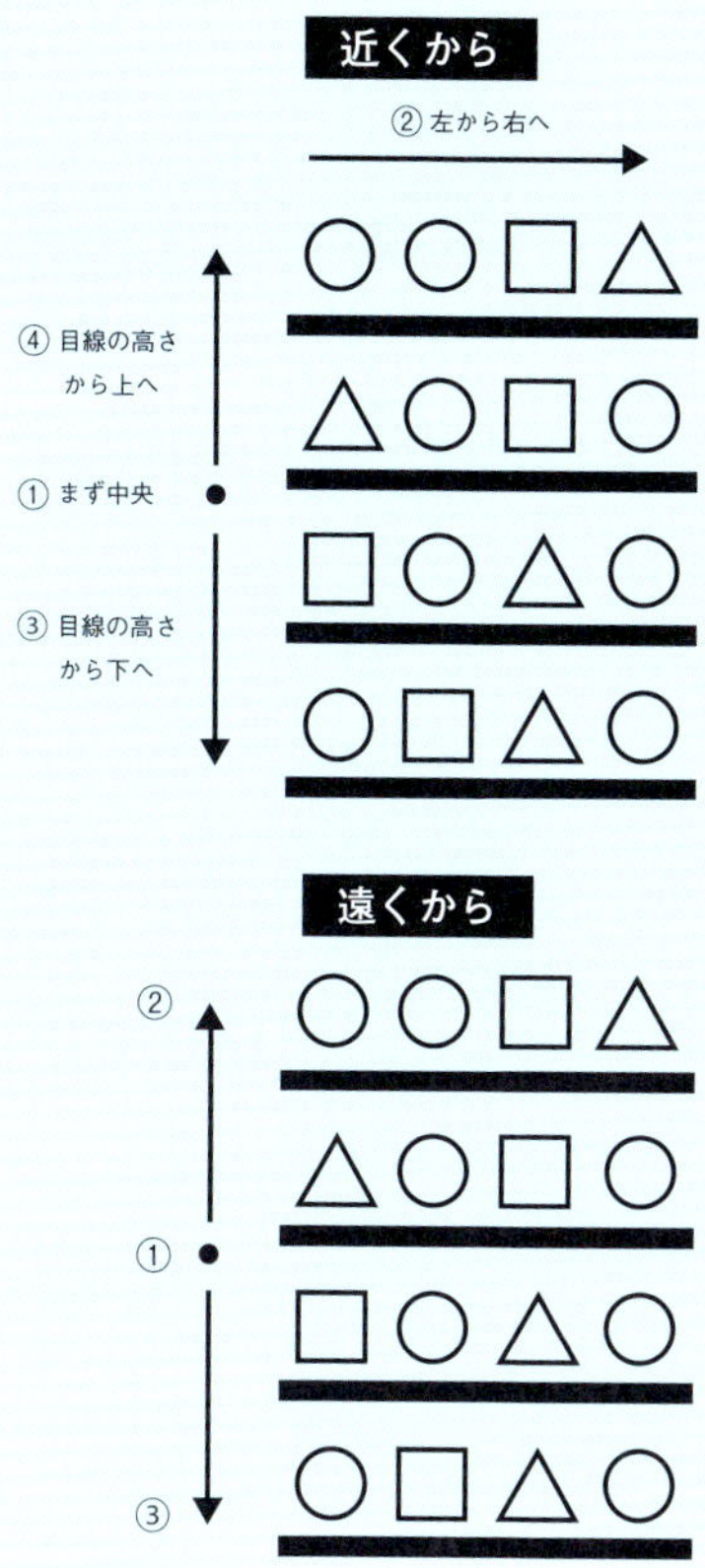

POINT

- 日頃からメジャーを持ち歩く
- 人の目線は左から右へ流れる

「ゴールデンライン」を見つける

　什器のレイアウトは必然的に導線に基づいたものになるため、左から右へという流れが自然とできていると思います。取り扱う商品のジャンルやサイズ構成にもよりますが、事前に什器の大きさや陳列のための分割を考えておくようにしましょう。

　人間が大きく顔を動かさずに見渡すことができる視野の広さは約１２０度くらいですから、設置する棚の幅は最大でも１８０センチ前後。縦の分割数は最低でも3段、できれば4段はほしいところです。さきほどもお話ししましたが、一番上はディスプレイとして使うことを考えると、実施的な売り場としては3段が機能する構成になります。

　特に大切にしてほしいのは、お客さまの目の高さにくる棚です。もっとも陳列した商品が手に取りやすい位置にあることから、専門用語では「ゴールデンライン」または「ゴールデンスペース」と呼ばれています。

　これは商品のジャンルに関係なく共通した考え方で、セオリーとして核となる売れ筋の商品はこの位置が与えられていきます。

　具体的な「ゴールデンライン」の高さは、一般的に地面から１３０センチくらいを目安にするといいとされています。これは身長１６０センチの女性を基本としたもので、取り扱う商品とお客さまによって少しずつ変わってきます。男性と女性ではもちろん、大人と子どもでも身長差が出ますから、実際に現場で検証すると納得できるはず。決して理論を鵜呑みにせず、自分のお店の商品の売れ行きを左右する「ゴールデンライン」は自分で判断するようにしましょう。

　お店の内装を考える場合、とにかく現場を知らなければ話になりません。できるだけ図面に頼らず、現場に足を運び、自分で寸法を測って実感してみてください。僕はいつもメジャーを持ち歩いています。

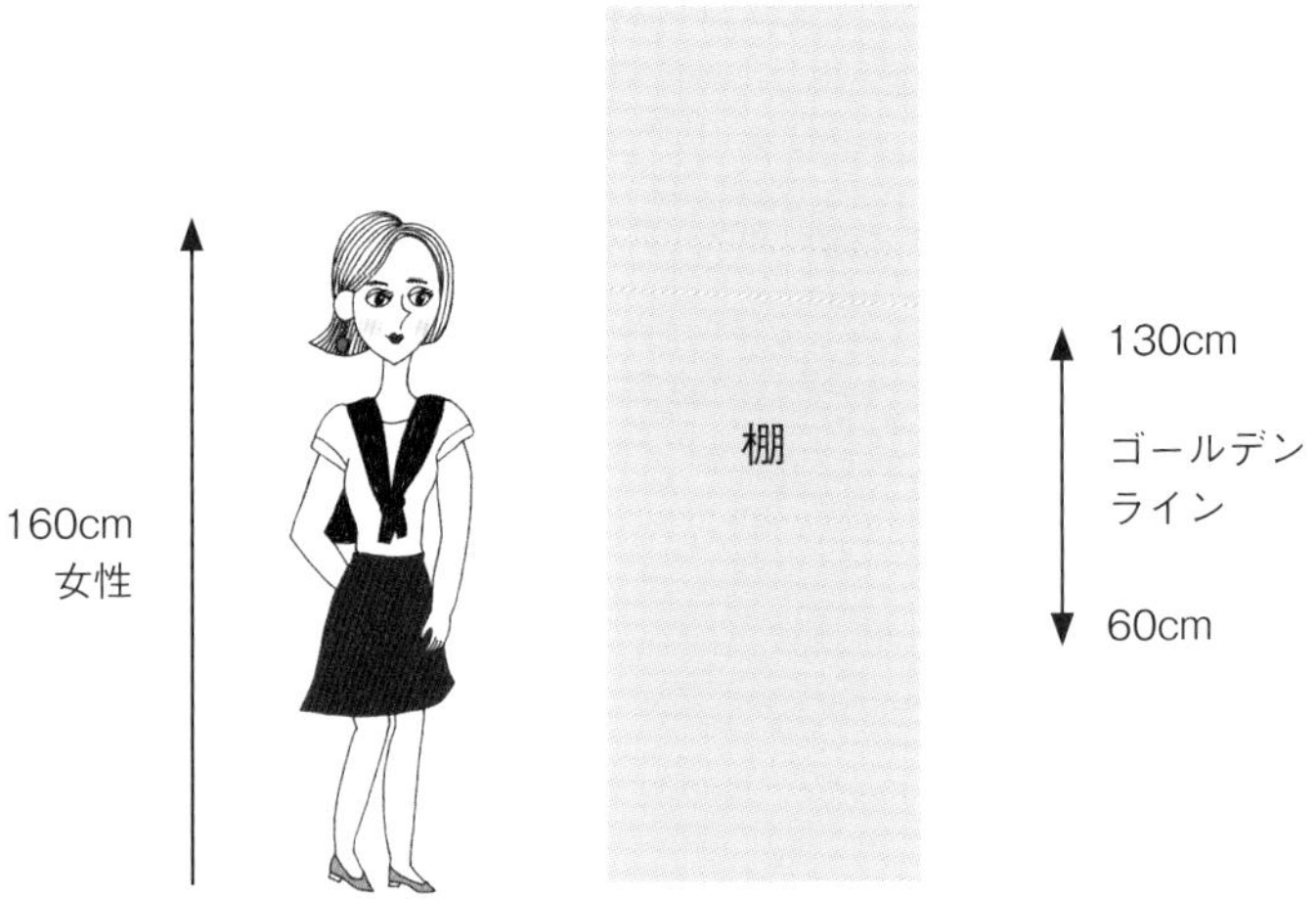

MARK'STYLE TOKYO

VMD

Visual marchandising

01 装飾と陳列

02 棚割作業

03 陳列のルール

04 ディスプレイツールの決定

05 POP広告とプライス表記

すみだ まち処

01

装飾と陳列

「魅せる」と「見せる」を両立させる

実際には同時並行になることも少なくありませんが、内装デザインの次は店内の装飾から陳列までを一貫して考えていく「ビジュアル・マーチャンダイジング（VMD）」です。専門用語だと難しく感じられるかもしれませんが、要するに「お店のインテリアと商品のディスプレイをどのように演出していくか？」という内容だと理解してください。

VMDで大切なのは、お客さまへ分かりやすく「魅せる」と「見せる」の両方をどれだけ上手に表現できるかだと思っています。もちろん、どちらも同じくらい重要ですが、個人的にはずっと「魅せる部分」の比重を大切にしてきました。どんなに店舗内装が立派でも、実際の売り場がお客さまにとって魅力的なものでなければ、購買へとつながらないからです。それは自分の経験からわかったことでしたが、最初は理論を知らないので怖かったですね。

自信がついたのは、VMDの専門家に「場数が大事」という言葉を伺ってから。method を始めて以来、立ち上げたお店は相当な数になりますし、それぞれのお店に並べる商品も、僕たちがコンセプトから関わった上で納得して仕入れたものです。

すべてを理解して行うVMDですから、お客さまに対する訴求力は極めて高くなります。今はVMDだけの依頼もありますし、クライアントからの相談も増えてきました。

個人の方がつくるお店も同じですよね。シンプルにいえば、自分の信念に照らし合わせて納得した商品を仕入れ、それをお客さまへ紹介しつつ販売していくわけです。

コンセプトの理解度によって商品の陳列は変わります、あなたが感銘を受けた商品の良さや物語を共有していくにはどうしたらいいか――。VMDの根本にして極意はそこにあるのではないかと僕は思っています。

VMDを構成する3つの要素

VMDは主に3つの要素から構成されています。ちょっと専門用語が続きますが、なるべくわかりやすく説明していきますね。

最初の要素はお店全体の特長や品揃えの表現に当たる「ビジュアル・プレゼンテーション（VP）」。具体的には店内でもっとも力を入れている装飾的なディスプレイを想像してもらえればいいと思います。

たとえば、2012年に手掛けた東京スカイツリータウン®の東京ソラマチ®5階にある産業観光プラザ すみだ まち処では、VPとして天井から634羽の折り鶴を吊り下げました。ここは墨田区の産業や文化、歴史や観光、グルメなどを凝縮したスペースなので、地元でつくられている折り鶴専用の折り紙を使って手仕事の良さを表現しています。このように、お店を訪れたお客さまに「すごい！」とか「綺麗！」と感じて

すみだ まち処

POINT

- コンセプトの理解度によって商品の陳列は変わる
- VP はインスタレーションに近い感覚

もらえるような新鮮な驚きや感動が与えられるといいなといつも考えています。

次の要素は「ポイント・オブ・プレゼンテーション（ＰＰ）」です。これは店内のあちらこちらに設置して、お客さまの足を止める役割を果たす、やや装飾的な意味と陳列的な意味を併せ持ったディスプレイです。アパレルのショップでいえば、お店のスタイリングを提案するトルソーやマネキンに当たるものだと考えてください。さきほどのＶＰは夢のあるものですが、ＰＰはより現実的というか、実際の商品を使って効果的に演出することが大切です。店内のどこにどれだけ設置していくべきかなど、検討を重ねる必要があるでしょう。そして、最後の要素は「アイテム・プレゼンテーション（ＩＰ）」。これはお客さまが手に取る商品の、より陳列的なディスプレイを指しています。特に個人のお店の場合、そこにどんな意味合いを持たせられるかで大きくセンスが問われるため、非常に重要な部分です。

このＰＰとＩＰは僕たちmethodがもっとも得意としている要素であり、対外的な強みとして自信を持っている部分でもあります。たとえば、２０１２年にパリと東京で開催されたイベント『３６５日 Charming Everyday Things』のディスプレイでは、日本の四季の移ろいをはじめとする時間の流れや物語を考えて、３６５点のアイテムを組み合わせ、陳列していきました。このプロジェクトは「日本人の暮らしに寄りそう日用品の良さや多様性をもっと国内外の人にもっと知ってほしい。つくった人の手の温度を親密に伝えたい」という想いから生まれたもので、どちらの会場でも大きな好評を博しました。

ＩＰの面白さと難しさは、コンセプトに従いつつ、どのように商品の流れを構成していくかという部分です。導線や什器のレイアウトを無視するわけにはいきませんし、個々のアイテムのサイズなど、頭を悩ませることも多いかもしれません。

365 日 Charming Everyday Things

日本の暮らしに寄り添う日用品 365 点を、パリと東京、青森で展示・販売

■プロジェクト発起人
川島 蓉子（伊藤忠ファッションシステム株式会社・ifs 未来研究所 所長）
運営　伊藤忠ファッションシステム株式会社 「365 日」プロジェクト運営事務局

■ 2011 年度プロジェクトメンバー
永井 一史（株式会社 HAKUHODO DESIGN）、服部 一成、国井 美果、田根 剛（DORELL.GHOTMEH.TANE/ARCHITECTS）、山田 泰巨（阪急コミュニケーションズ Pen 編集部）、山田 遊（method）、菅井 俊之（Semitransparent Design）、田中 良治（Semitransparent Design）、竹形 尚子（デイリープレス）、増崎 真帆

撮影：梶山 アマゾン

365 日 Charming Everyday Things プロジェクトは、経済産業省「平成 23 年度クールジャパン戦略事業」のひとつとして実施されました。

Sold out
Sold out
Sold out
Sold out

02

棚割作業

お客さまの気持ちになって棚割をする

ＶＭＤの中でも特にＰＰやＩＰと密接に結びついているのが「棚割」と呼ばれる作業です。具体的には「什器のスペース一つひとつにどの商品を陳列していくか」というもので、お店の図面が出てきた時点から、ある程度の構成を考えておくようにしてください。

　内装の工程と交差していくので、ややわかりにくいかもしれませんが、整理しておくと、導線を考えつつ、仕入れる商品を決定して、その後に什器の決定、棚割となります。本来は仕入れる商品が決まらなければ、什器の最終決定をすることはできません。たとえば、雑貨をメインにする場合でも、少しだけ洋服を取り扱うとすれば、棚のほかに洋服をかけるバーが入った什器を用意す

る必要があります。アイテムの種類や分野によって、必要となるお店の什器が変わります。

商品の仕入れが決定していれば、おおまかな棚割はできているともいえるのですが、ここからはどれだけ細かくディテールを詰めていくことができるかの勝負になります。初めてお店をつくる方にとっては、どの行程も大変ですよね。なかでも棚割は特に神経を使う作業の一つ。じっくり丁寧に進めていく段階で、それまで実際に仕入れた商品の過不足がリアルにまざまざと見えてくるため、胃が痛くなってくると思います。

もちろん、開店する時に足りないよりは余る方がいいとはいえ、あまりにも量が多いと過剰に在庫を抱えたオープンになりかねません。経験上、こうした失敗は第一章の後半でお話した「マーチャンダイジング（MD）」の精度が低い場合に起こりやすいものです。どんな商品をどれだけ仕入れ、どのように陳列していくか――。常に考えなければならない課題です。

POINT

●仕入れる商品により什器を決定

once A month

03

陳列のルール

テーマで編集するディスプレイ

棚割の次は商品の陳列です。大前提となるルールは、お客さまが「見やすい」「選びやすい」そして「手に取りやすい」という3つですが、そこにちょっとした工夫を加えていくことで、さらに個性的なお店づくりが実現できると思います。

僕が得意としているのは、一見すると何の関係もないように感じられる複数の商品を合わせてディスプレイする手法です。

たとえば、母の日の贈り物として、軽やかなストール、カーネーションの形をしたボールペン、紙とリボンでつくった可愛らしいティアラの3点を選んで一緒にディス

POINT

- ストーリー性を持たせることで商品の価値は変わる
- モノとモノとの関係性を考える

be my Gift 西武池袋本店 商品MD　撮影：小林 勝彦（RAIZ PHOTOGRAPHY）

プレイしたり、食欲の秋をテーマにして、炊飯用の土鍋、醤油、卵のケースに収められた農園の本を組み合わせたり…。これらはいずれも2010年に西武池袋本店のbe my Giftの商品MDを担当した際に行った商品のセレクトと組み合わせ例です。

　本来は別々の売り場にあるモノを「母の日の贈り物」や「食欲の秋」といったテーマを設けて編集することで、違和感のない一つの単位として商品3点セットで店頭に陳列しました。

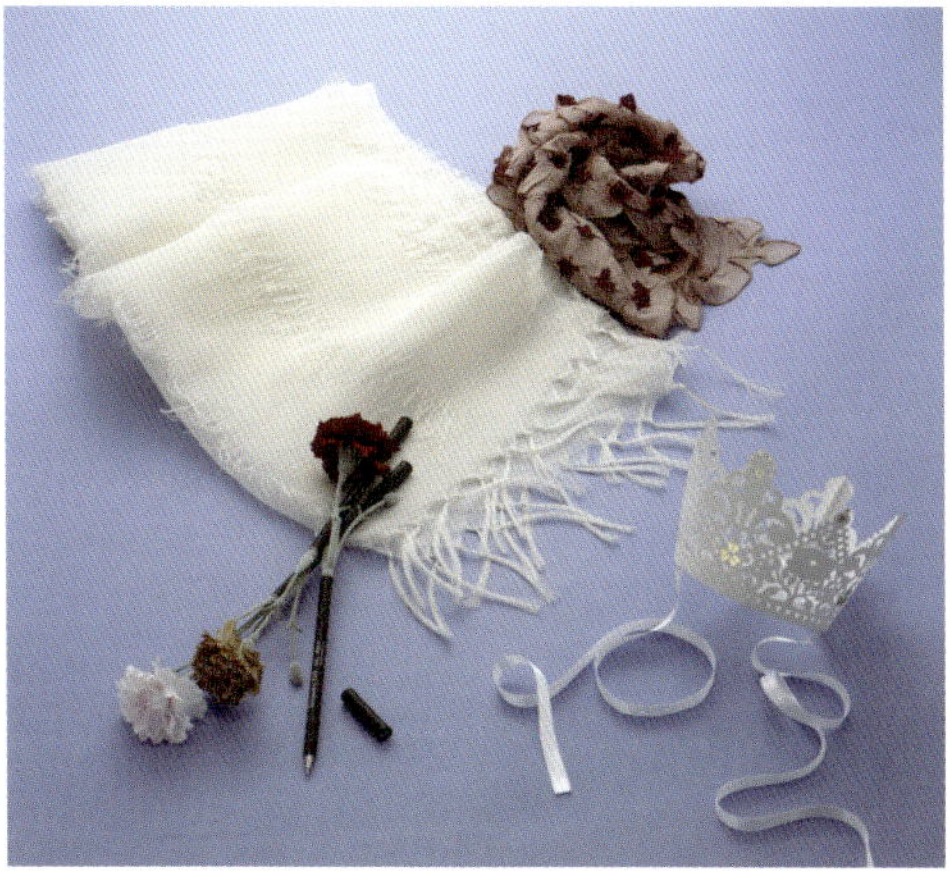

　ここでポイントになるのはテーマの設定と編集の切り口。そこが魅力的なものにできれば、一つひとつの商品を単体で陳列するよりも、ずっと素晴らしいアイテムとしてお客さまに見せることが可能だからです。

　たとえば、とても使いやすく、優れたデザインなのに、それほど売れ行きの芳しくないグラスがあったとしましょう。センスのいいコースターやオーガニックの美味しいお茶と組み合わせてディスプレイすれば、丁寧な暮らしの一場面が想像できるため、もっと多くのお客さまがグラスを手に取ってくれるようになると思いませんか。

　きちんと意図を持ってテーマを設定し、異なる分野の商品をピックアップする。色彩や素材のグラデーションで統一感を出す。ディスプレイはそこを意識してください。

04

ディスプレイツールの決定

POINT

- 同系統の色合いの商品は「淡→濃」のグラデーションに
- 末広がりを意識する

ディスプレイで重要な3つのルール

　商品のディスプレイで気をつけたい点をさらに幾つか挙げておこうと思います。

　1つ目は「左から右へ」。これは導線や什器のレイアウトの部分でもお話したとおり、人間の心理的な動きを利用するということ。特に同じ系統の商品を一緒に並べる場合は、明るい色から暗い色へグラデーションをつくると自然に見えるものになるでしょう。

　2つ目は「末広がりを意識して」。平面に陳列するだけでは目に留まりにくいもの。中心の商品に高さを出していくことでお客さまの視線に起点となる軸が生まれます。3つ目は「FKUは奇数が基本」。ここでいう〝FKU〟とは「フェイス・キーピング・ユニット」の頭文字で、商品の陳列管理単位のこと。複数の商品を組み合わせてディスプレイを考える時、僕は3・5・7のどれかを一つの単位とする場合が多いです。中心が決めやすく、美しい末広がりをつくることができるんですね。これはバイイングや商品開発にもつながっていきます。特に2つ目の「末広がりを意識して」に関連する注意点として、大半のお店では高さを出すために透明なアクリルのディスプレイツールを多用しています。これはお店の内装デザインの雰囲気にそぐわないことが多々あるので、むやみに使うのはなるべく止めた方がいいでしょう。

　たとえば、出雲のえすこでは、商品のディスプレイで高さを出さなければいけない時には、三宝や折敷など、お店の雰囲気に合ったディスプレイ・ツールを採用しています。

　厳しい言い方になりますが、棚割のディテールをきちんと詰めることができていれば、アイテムの見せ方まで十分に考えが及んでいるはずです。安易にアクリルのパーツに頼らず、事前に内装やインテリアを担当するデザイナーと相談しながら、お店の雰囲気に合ったものを選びましょう。こうした点にこだわっていくことで、驚くほどトータルの完成度が変わってきます。

えすこ

現場と売り場のキョリを縮める

後述するPOP広告の発展型を追求した例。産地で撮影した無数の写真を店頭に飾ったり、また、撮影・編集した動画を店頭で流すことによって、お客さまに対して売り場で伝えることが難しい、ものづくりの現場を可視化することに挑戦した。

大日本市　撮影：井原 悠一

漆の国 いわての伝統工芸展（2011）

Yu Yamada Presents

How to display

本文でも取り上げたが、ヤマダユウが得意としているのは、異なるジャンルの商品を一つのテーマで編集するディスプレイ。ここではタオルを中心に「朝の洗面所」というシチュエーションでまとめた実例を紹介する。

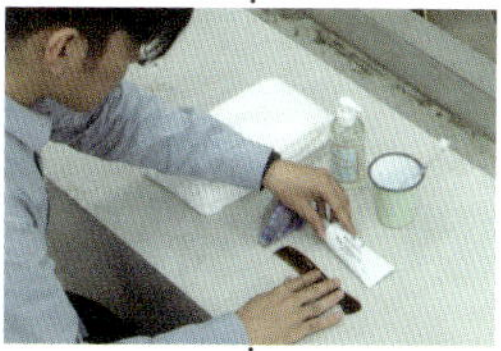

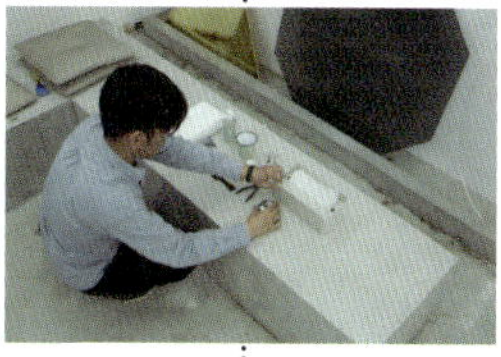
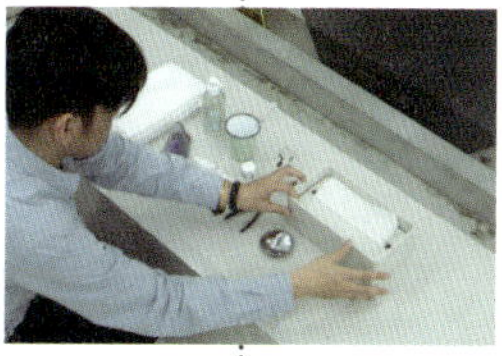

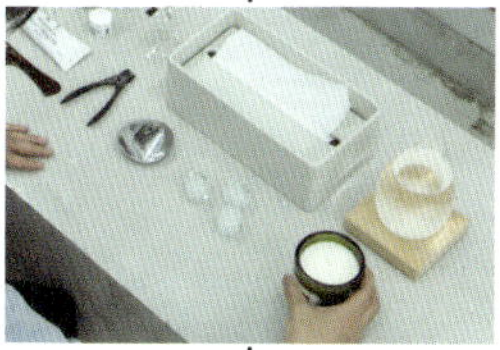

軸となるフェイス・タオルから発想を広げ、さまざまな商品をピックアップ。暮らしの一場面を演出するために、頭の中にある膨大なアイテムから厳選したモノだけを並べていく。この段階でほぼ迷いが見られないのは長年の経験の成せる技なのだろう。

ディスプレイに使用する商品をすべて選び終わってからが本番。ここから精度を上げるためにディテールを詰めていく。

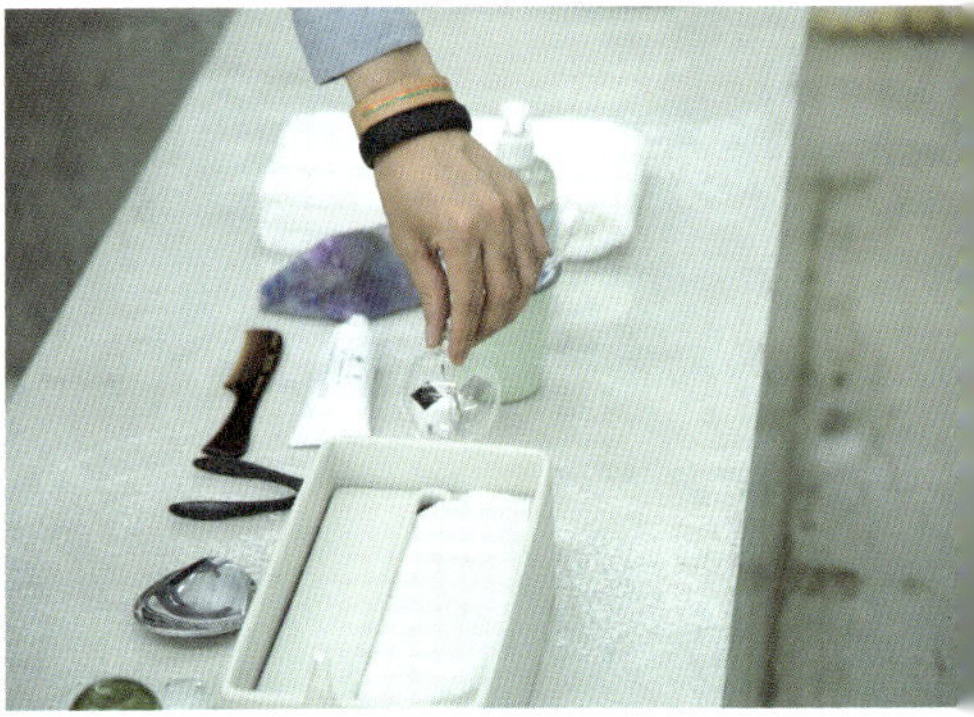

「視線の流れを意識して、できるだけ自然に違和感なく見えるように。お客さまの立場で客観的にジャッジします」とヤマダ。

砂時計やガラスの器に入ったキャンドル、歯磨き粉のチューブなど、一つひとつのアイテムの間隔をミリ単位で調整。こうしたこだわりが商品の見やすさや取りやすさへとつながっていく。

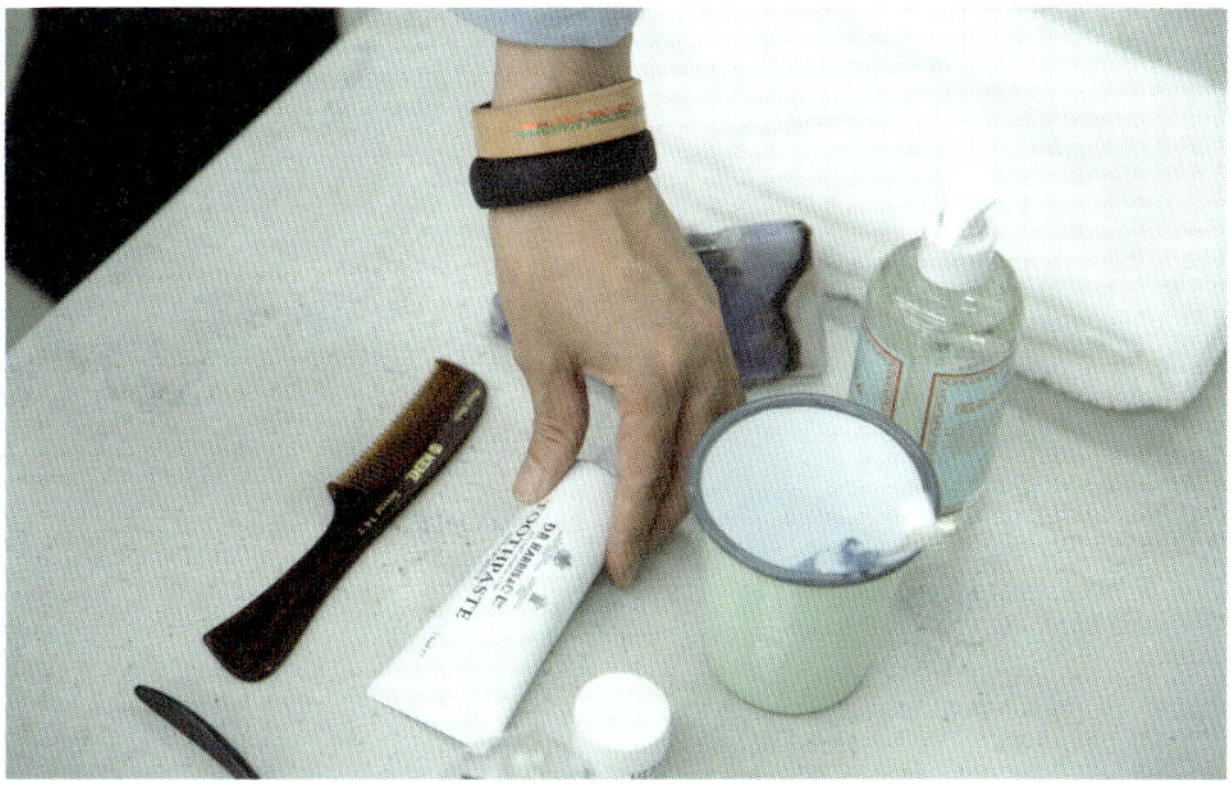

完成したディスプレイを前方から写したショット。高さのある商品は奥、小さい商品を手前に持ってきていることがわかる。また、それぞれの商品の色でグラデーションを出しているほか、同じ素材でまとめたり、逆に異質な素材でアクセントをつけるなど、さまざまな工夫が凝らされている。

大きさのあるティッシュケースは横に置くことで自然に視線を右へ誘導する役割も。硬質なアイテムが多い中、アイボリーのケースから出ているティッシュペーパーの柔らかさが一つのアクセントになっている。

ガラス製の砂時計は同じ素材であるキャンドルの器やストームグラスと右側にまとめ、インテリアとして目を楽しませる部分。それだけでは少し冷たい印象になるため、一番右側には木製の団扇を配置した。

POINT

●実用品と装飾品を一つのテーマで編集
●高さのある商品は奥に、小さい商品は手前に
●商品の大きさや形といった個性を生かす
●商品の色でグラデーションをつくる
●同じ素材でまとめたり、異なる素材でアクセントをつける
●お客さまが手に取りやすい配慮をする

今回のディスプレイで起点となったフェイスタオル。もっとも大きく、存在感があるため、きちんと畳んで左側に配置した。

シンプルなコームは手に取りやすいように持ち手を右側にしてディスプレイ。ブラウンが差し色として効いている。また、左から見ていくと、顔を洗って、髪をとかして…という流れができていることがわかる。

05 POP広告とプライス表記

Tokyo's Tokyo 原宿店

えすこ

POP広告でさらに個性の演出を

ディスプレイの最後に忘れてはいけないのが、POP広告と価格の表記について。VIのところでもお話ししましたが、POP広告は、個性の演出をはじめ、説明の補助など、さまざまな役割を担うものです。

たとえば、僕が関わったところを例に挙げると、出雲のえすこでは、おまもり型にしてみたり、2014年に関わった香港の文房具店、QIPS Miramarでは、小さなクリップバインダー型や付箋型のPOP広告に商品説明と価格を記しています。これらはグラフィックデザイナーと一緒に考えていったもので、それぞれのお店に独自性と統一感を出すための工夫です。

POP広告でもっとも重要な要素は何か。僕にとっては価格が第一で、逆に重要度が低いと思っていたのは商品名。お客さまの立場からすると、そういうことかなと考えていた時期に勉強になったのが、Village Vanguard のPOP広告です。書籍に巻く帯のイメージでキャッチコピーをつくる感覚は、とてもクリエイティブですし、非常に購買意欲をそそられますよね。

ほかの例でいえば、自然体感型ミュージアムであるOrbi Yokohamaのプライス・タグには商品に関連したトリビアを入れる試みを行いました。施設のコンセプトにもつながる「知ることの楽しさ」が表現できないかというチャレンジです。店内を巡るうちにトリビアへ気づいてもらえれば、それを探して読むだけでも、一人ひとりのお客さまの滞在時間が結果的に長くなっていくのではないかという計算もあります。

僕の考えるPOP広告の置き場所は左前がベスト・ポジション。大半のお客さまは右手で商品を取りますから、もっとも一連の動作で邪魔になりにくく見やすい位置だと思います。もちろん、ディスプレイの方法によっては、必ずしもそうではないケースもあるため、自分で検証を重ねることは忘れずに。

Orbi Yokohama プライス・タグ

POINT

● POP広告にサプライズを盛り込む

Music & Incense

音楽・香り

お客様にとって居心地が良くなる音楽や香りとは?

POINT

- お店のスタイルによって心地良い音楽がある
- 嗅覚へのアプローチも意味を持つ

五感に訴えかけるお店を目指して

ここまではお店の内装やVMDに関して考えてきましたが、最後はお店の店内で流れる「音楽」と「香り」についての話です。

これらの要素は、今まであまり日本のお店では重視されてこなかった点でもありますし、僕自身も今後のお店づくりにおいて挑戦する課題の一つだと考えています。今まで何軒ものお店を立ち上げるにあたって、さまざまな部分にこだわってきたつもりですが、店内で流れるBGMや香りに関しては、それほど手をかけてきませんでした。

企業のイメージ・サウンドをつくる専門家と仕事をした際に「音楽によって伝えたい雰囲気を表現する」ことの大切さを学び、漫然と店内に流すBGMを選ぶのは止めようと思いました。確かに店内で流れるBGMが心地良く感じられると、ゆっくりと商品を選ぼうという気持ちになりますし、せわしないテンポのBGMが耳に入ってくると、追い立てられるような気分になるものです。

今から振り返ってみれば、IDÉEで働いていた時も、お客さまから「今、流れている音楽は何という曲ですか?」とよく聞かれました。それだけBGMは大きな影響を及ぼす要素だといえます。とはいえ、なかなかオリジナルの音源制作まで実行するのは難しいものです。個人のお店となると予算的には厳しいかもしれません。

また、香りといえば、2009年に日本へ上陸したアメリカのカジュアル衣料ブランド、Abercrombie & Fitch(アバクロ)がわかりやすいでしょうか。独自開発のフレグランスを店内に噴霧することで話題になりました。もちろん、好き嫌いはあると思いますが、香りも記憶に残る要素としては大きく、ショップの印象をさらに強めていくには良い手法だと考えています。

今は日本でもフレグランスを上手に使ったお店も少しずつ増えており、ホテルや病院をはじめ、美容室やネイルサロン、ペットショップのようなお店でも導入例が目立つようになりました。

ただ、Abercrombie & Fitchの上陸時もいろいろと騒がれたように、香りは好みの差が激しく、使い方が難しいものです。人によっては頭痛などの症状を引き起こす原因にもなるため、注意が必要となります。

それでも、お店づくりにおいて、コントロールできる余地があるとすれば、音楽と香りではないかと思います。さすがに味覚は取り扱う商品の中に食品が含まれなければ、なかなか表現できません。ただ、聴覚と嗅覚へのアプローチに、しっかりと意味を持たせることができれば、高い効果を生むのではないかと考えています。

たとえば「サウンド・プロモーション(SP)」や「フレグランス・プロモーション(FP)」。こういう言い方が適切かどうかわかりませんが、お客さまの五感へ広く訴えかけていく手法は、個人のお店づくりにも取り入れてみても面白いのかもしれません。

Yu Yamada's Project

mino

mino

新潟県五泉市で、50年に渡りものづくりを追求してきた小さなニットメーカーがつくる、雪国で産まれたポンチョブランド

製造／販売　有限会社サイフク
プロデュース
中川 淳（株式会社中川政七商店）、山田 遊（method）、丸若 裕俊（株式会社丸若屋）、髙橋 俊宏（株式会社枻出版社 Discover Japan）
アートディレクション　加藤 智啓（EDING：POST）

工場の祭典
Factory Festival

工場の祭典

新潟県・燕三条地域の名だたる工場が一斉に工場を開放し、来場者がものづくりを体感できる、新たなスタイルのイベント

主催 / 運営　「燕三条 工場の祭典」実行委員会
イベント総合監修　山田 遊、村上 純司（method）
アートディレクション / デザイン　小林 弘和、山田 春奈（SPREAD）
ブックレット編集　幅 允孝、藏所 知司（BACH）
撮影：山崎 彩央

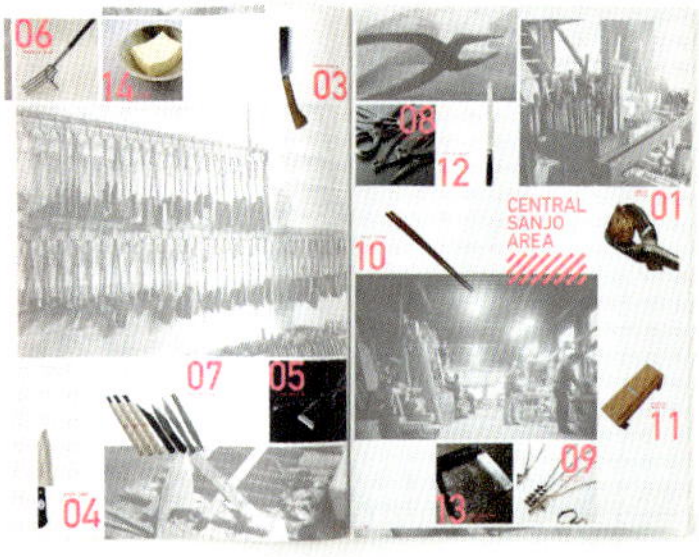

13

20

WELCOME!

宗利製作所
越後三条
鍛冶の技

開店までに準備しなければいけない備品

【レジカウンター周りの備品】

□ レジ □ 金庫 □ コインカウンター □ クレジットカード用端末
□ 電話 □ FAX □ パソコン □ プリンター □ LAN
□ 計算機 □ マネートレイ □ お客様用、スタッフ用筆記用具
□ 印鑑、朱肉 □ お店の情報の入ったシャチハタ印
□ 領収書 □ 収入印紙 □ 切手 □ 預り証など各種伝票
□ ファイル各種 □ 封筒 □ 一筆箋 □ メッセージカード
□ ショップカード □ ゴミ箱
etc…

【梱包・ラッピング用備品】

□ ショッパー各種 □ ラッピングペーパー □ ラッピングバッグ
□ リボン、紐 □ 梱包材 □ 配送用資材 □ ガムテープ
□ セロテープ □ テープカッター □ ハサミ □ カッター
□ カッターマット □ 定規 □ メジャー □ シールはがし
□ 修正テープ
etc…

【店頭用備品、その他】

□ 買い物カゴ □ 傘立て □ 玄関マット □ POP 立て
□ ブックエンド □ ハンガー □ バッグハンガー □ S 字フック
□ ディスプレイツール各種 □ 音響機材 □ お香、キャンドル
□ 掃除機 □ 床用モップ □ ハンディモップ □ 雑巾
□ クリーニングクロス □ 掃除用洗剤
etc…

第三章　オープン後

Service
接客

01 最後は接客で決まる

02 お客さまの観察

03 接客スタイルの確立

04 クレーム対応

Tokyo's Tokyo 羽田空港店

01 最後は接客で決まる

想像以上に大きいスタッフの力

第一章と第二章では、お店を始めるまでに必要な心構えや注意点にウェイトを置いてお伝えしてきましたが、ここからの第三章では、実際にお店をオープンしてから関係する事柄を中心にお話したいと思います。

最初に取り上げていくのは「接客」について。まず、あなた自身がプロフェッショナルとして行動することです。お店を開いたばかりの時は自信がないかもしれませんが、お客さまには関係ありません。接客の基本となる「感謝」や「尊敬」を忘れず、笑顔で気持ちのいいコミュニケーションを心掛けるようにしてください。僕自身の接客スタイルは、やはりバイヤーなので、お客さまへ商品の情報をいかにしっかり伝えるかに重きを置いています。

注意したいのは、お店を立ち上げたあなたが店頭に立たず、スタッフに一任してしまうケースです。その場合は「自分の信念や想いがどこまで現場に浸透しているか？」を確認するため、事前にスタッフと意志の疎通をしっかり図るようにしましょう。

というのも、今までの経験上、企業からの依頼で新たにショップをつくる際、プロジェクトを進めるスタッフとお店に立つスタッフが別々の場合が多く、どうしても両者の理解度にズレが生じてしまい、開店の時点で影響が出ることが多いのです。お店に立つスタッフには、なるべく早い段階からミーティングなどに参加してもらうようにしているのですが、それでも伝えきれない部分は、残念ながら出てきてしまいます。

どれだけお店という舞台や商品という小道具を完璧に整えたとしても、結局のところ、その演劇を演じるのは役者に当たるスタッフなのです。

商品のセレクトやディスプレイのような部分は変更ができますが、スタッフはお店と一緒に育っていくものなので、あなたの信念やお店のコンセプトを理解し、業務に慣れて一人前になるためには、どうしてもある程度の時間が必要となります。

最終的にお客さまに接するスタッフが、お店に愛着を持ち、モチベーションを高めていくためには、お店で何を伝えていきたいか、何度も話し合いを行い、コンセプトや商品のセレクトの意図、ＶＩや内装デザインの意図といった信念や想いを繰り返し共有していくしか方法がありません。それをないがしろにすると、あっという間に今まで積み上げてきた努力が崩壊してしまいます。

特にオープン当初は新しい環境ですから、いろいろなことがスムーズに進まず、しばらくは何かと大変な日々。そこを乗りきれるかどうかは、スタッフがあなたの信念を理解して協力してくれるかどうかにかかっています。

POINT

- 「感謝」や「尊敬」を忘れず、笑顔でコミュニケーションを
- スタッフへ自分の信念や想いをしっかり伝えておく

Tokyo's Tokyo 羽田空港店

意識の持ち方で売り上げも変わる

商品の販売において接客を行うスタッフの力は非常に大きな要因ですが、最初から最高のパフォーマンスが発揮できるわけではなく、どんなお店も滑り出しから上々というわけにはなかなかいきません。今まで僕が手掛けたショップでも、少しずつ売り上げが上がっていくところが大半です。共通する要因としては、スタッフの理解度が進み、信念が浸透するに従ってチームの結束が固まってきたお店ほど、結果を出しているように思います。

お店は生き物のような存在ですから、実際にオープンした後でも成長させていくために手をかけてやらなければなりません。

たとえば、定期的にお店のディスプレイのメンテナンスを行ったり、スタッフと定例ミーティングを行ったり。次第に業務を任せて自立を促すのもいいでしょう。僕たちも仕事で立ち上げたお店は、1年くらいは関わっているケースがほとんどです。スタッフとコ

SOUVENIR FROM TOKYO

ミュニケーションを図るため、食事に行って愚痴を聞いたりすることもあります。最初の想定よりも売り上げが上がらない場合は、商品のセレクトやディスプレイなどを変更する軌道修正が必要になることも少なくありません。お店のコンセプトや商品知識を十分に理解しているスタッフの存在という例でいえば、SOUVENIR FROM TOKYO がそうでしたね。もともと青山のCIBONEで店頭に立たれていた方が大半だったので熟練度が高く、オープン当初から爆発的な売り上げを記録するロケットスタートとなりました。やはり「ここは自分たちのお店」という意識が高いと、それだけ売り場に立った時のモチベーションが違います。

　極端な話をすれば、同じ商品でも販売するスタッフ一人ひとりの「今日はこの商品を10個以上売るぞ！」とか「もう少しで今日の売り上げ目標が達成できるから頑張ろう！」という意識の持ち方や熱意の込め方で売り上げは変わってきます。

POINT

●スタッフ一人ひとりのモチベーションで売り上げは変わる

02

お客さまの観察

POINT

- お店とお客さまの「距離感」を考える
- お客さまの観察で声をかけるタイミングを計る

観察から築く接客のスタイル

僕が新人だった頃はとにかく「積極的にお客さまへ話しかける」姿勢で日々臨んでいたので、とりあえず自分からひたすら会話を試みていたのですが、今から考えてみれば、お客さまの都合を考えずに、どんどん話しかけてくる店員で、ちょっと迷惑に感じられる存在だったかもしれません。

しかし、お客さまを観察しているうちに、だんだん声をかけていいタイミングが何となくわかってきました。ふとした視線や動作から「助けがほしいんだな」という時が自然に見えてくるようになります。そういう無言のサインが見えてくれば、お客さまとのコミュニケーションは非常に円滑なものになりますし、こちらも声をかける行為が楽しくなっていきます。絶妙な「距離感」がわかってきたということですね。

あくまでも接客のベースとなるのは基本的な挨拶などのマナー。その上でお店のスタイルを築いていくといいでしょう。

接客の心得

- 身だしなみを整える
- お客さまが入店しやすい環境をつくる
- お客さまへの挨拶をしっかりとする
- お客さまの動きをいつも視線に入れる
- お客さまの言葉に耳を傾ける
- お客さまの要望は、正確に迅速に対応する

接客の極意

- それぞれの商品のディスプレイや在庫の場所、また、全ての商品知識は頭に入れ、お客さまから商品について、どんなことを聞かれてもすぐに答えることができるようにしておく
- レジ作業、商品の梱包、ラッピングなどを正確に行うことはもちろん、その上でスピードを上げていくことが、お客さまへのサービス向上に繋がる
- 自然と接客が始まるような、お客さまとの会話が生まれる言葉を、距離感を図りながら、適切なタイミングで投げかけるよう意識する
- お客さまの顔や名前、購入履歴などの情報を頭に入れ、再来店された際に、さりげなく以前の来店に対しての感謝をお声がけする
- お客さまから商品について聞かれたことに対応できることは当然。お客さまに対して提案ができるようになれば一流
- 複数のお客さまに対して、どのお客さまに対してもストレス無く、同時に対応できるように振る舞う

04

クレーム対応

POINT

- クレームはお客さまからのサイン
- 真摯な対応を心掛ける

クレームを前向きに受け止める

どんなに注意深くお店を運営していたとしても、絶対に避けることができないものの一つがお客さまからの「クレーム」です。もちろん、大前提としては問題が発生しないように努めるべきですが、なかなか現実はそうもいきません。そこで求められるのは、起きてしまったトラブルに対して、どのように事態を収拾するかという点です。

接客において最低限のマナーであるお客さまに対する礼儀などがクリアされているならば、発生するクレームは商品に関する内容が大半になっていくと思います。

たとえば、同じ破損に関するクレームでも、仕入れ後や梱包時の検品で見逃していたケースは完全にお店側の責任ですが、購入後にお客さまが商品を持ち運ぶ際に不注意で壊してしまったという場合は、お店側に責任はないように感じられるかもしれません。しかし、お客さまから「箱を開けたら商品が壊れていた」という連絡があれば、それは「自分たちの検品や梱包に問題があったのではないか？」と、まずは振り返ってみるべきです。

実際にお店を始めると、理不尽なクレームにも対応しなければならない場面が幾つも出てくるはずです。どこまで受け入れるかという許容範囲の問題はありますが、基本的にはお客さまの立場を優先した真摯な対応を取っていくことが求められます。また、商品の内容に関するクレームは、コミュニケーションによって回避できる場合が多いのも事実。さきほどの例に即していえば「きちんと梱包されていますが、壊れやすいものなので、商品を持ち運ぶ際にはご注意ください」と一声かけるだけで防ぐことができた問題かもしれません。

クレームはお店や接客の問題点が浮き彫りになったもの。視点を変えてみると、自分たちのスタイルや姿勢を振り返る絶好のチャンスでもあります。コミュニケーション不全をはじめ、商品の管理やアフターケアの不備など、客観的に見て、改善すべきところはどんどん改善していきましょう。

Maintenance
メンテナンス

01
清掃第一

02
ディスプレイを保ちつつ、在庫を補充

03
街の様子や天候もお客さまの増減に関係する

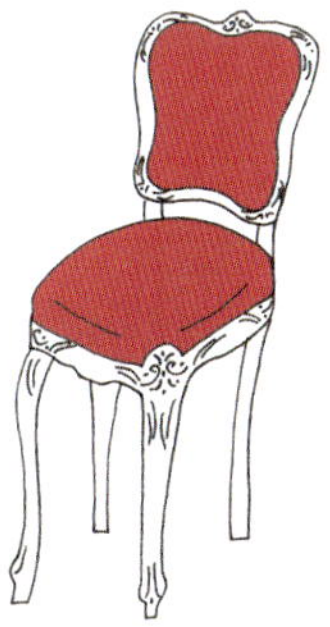

01

清掃第一

お店の良し悪しは第一印象で決まる

毎日のメンテナンスに関しては、どんなお店でも「清潔であること」が何よりも重要です。当たり前の話ですが、清潔感が感じられないお店にはお客さまも足を踏み入れることをためらうもの。特に初めてのお客さまは、お店の良し悪しを「見た目」と「直感」による第一印象で測ります。

想像してみてください。お客さまに商品を購入してもらうには「お店に足を運ぶ」「お店に入る」「商品を選ぶ」「選んだ商品をレジカウンターへ持っていく」という4つの段階を順にクリアしなければいけません。その中でお店の印象で悪い点があると、せっかくのお客さまを逃してしまいます。

そのためには毎日の清掃でお店をクリーンに維持していくことが大切です。つい見逃してしまいがちな棚の上やレジカウンターの裏、床置什器の周辺などに注意するようにしましょう。

店内清掃のポイントは、定期的にディスプレイを変更する際、しっかり隅々まで綺麗にすること。大切な商品を壊してしまわないように、必ず邪魔にならない位置まで動かしてから拭き掃除まで行うようにしてください。

どんなに素晴らしい商品を取り扱っていたとしても、その良さが伝えられなければ意味がありません。たとえば、お店の物件そのものが古びた昔の建物だったとしても、きちんと手入れがされていれば、それは歴史を感じさせる重厚な雰囲気につながります。

僕の考えるメンテナンスの基本にして極意とは「心を配る」こと。それはどんな業態や業種であっても、間違いなく通用するものだと思っています。

東京すみだ食賓館

once A month

02

ディスプレイを保ちつつ、在庫を補充

「現状維持」と「新陳代謝」

商品のディスプレイも、お客さまが手に取る度に乱れてしまいますが、気がついた時に必ず整えるようにしましょう。当然、品物が売れていけば、モノが減っていきますから、その度にストックヤードから補充していかなければなりません。

現状維持を目的としたメンテナンスの目安は「その日に開店した状態を保つこと」です。清潔に保たれている店内、商品の一つひとつが整然と並べられたディスプレイに自然と気をつける習慣をつけておくようにしてください。朝昼晩、どのタイミングでお客さまが来店しても、気持ち良く商品を選んでもらえる環境が理想的です。

POINT

- お店をクリーンに保つことは大前提
- キーワードは「現状維持」と「新陳代謝」

それから、新たな商品の仕入れやディスプレイの変更などによってお店の新陳代謝を図っていくことも、長く続けていくための大切なメンテナンスの一つ。

たとえば、それをお店のコンセプトにまで高めていったのが、第一章のステートメントのところで例に挙げた福岡のonce A month。毎月1回、テーマに応じて、商品の品揃えはもちろん、ディスプレイの方法までガラリと変えることで、お客さまへ新鮮な驚きと感動の提供に成功しました。

また、大手百貨店では、一定の期間ごとに売り場の雰囲気を変えていき、お客さまに飽きられないような工夫を続けています。そのほか、アパレルのショップでは、朝昼晩それぞれの時間帯によって「ポイント・オブ・プレゼンテーション（PP）」として設置されたトルソーやマネキンのスタイリングを変えることも少なくありません。

現状維持と新陳代謝、メンテナンスには両方の目的があると覚えておいてください。

03

街の様子や天候もお客さまの増減に関係する

街の様子や天候にも心を配って

お店を始めると、街の様子や周辺の環境の変化が気になっていきます。さらにいえば、街で行われるコンサートやマラソン大会のような大きいイベント、天気や気温にも敏感にならざるをえません。なぜかというと、それらの要素が想像以上に客足の増減に関係してくるからです。

たとえば、大手家電量販店では、冷暖房や空気清浄機のような商品を店頭に出すタイミングを驚くほどシビアに計っています。天気予報などの情報をベースにしながら、肌感覚や経験則をもとに独自の分析を行っています。その前の週では早すぎるし、その後の週では遅すぎるという絶妙の日に出してくるんですね。タイミングを外すと、そこで売り上げが大きく変わってしまう事実を本当によく知っているわけです。

父の日や母の日、クリスマスやバレンタイン・デーのように年間を通じて決まったイベントに関していえば、いつ頃から仕掛けるかという問題はあるものの、それほど準備については悩む必要はありません。

しかし、大手家電量販店の例のように、毎年異なる気象条件に対して品出しのタイミングを計っていくというのは、ほぼ狩猟や漁業に近い世界です。でも、それを自分のお店に当てはめてみれば、天気や世間の話題が接客のきっかけになることがわかると思います。その時期に見合った商品の提案などにつなげることもできるでしょう。

メンテナンスのところでもお話ししましたが、さまざまな事柄に「心を配る」ことが、やっぱりとても重要です。自分とお店を取り巻く天候や環境の変化に伴って、お客さまのニーズやアクションも刻一刻と変わっていきます。過剰に敏感になる必要はありませんが、鈍感すぎてもいけません。

どのくらいまで意識的になるべきか——。それを決めるのは、お店を支えるあなたとスタッフたちの考え方と行動力です。

POINT

- 街の様子や天候の変化は想像以上にお客さまのニーズやアクションに影響する

イベント

Event

01 定期的にお店へ足を運んでいただくためのイベント

02 店内にイベントが開催できる余地を最初につくっておく

03 イベントの企画と実施

04 継続的なお店の活性化

01

定期的にお店へ足を運んでいただくためのイベント

POINT

●お客さまの空気を停滞させない
●活気を持たせる

イベントはお客さまへの働きかけ

メンテナンスのところでもお話した「新陳代謝」にもつながる点ですが、僕がお店をつくる場合には、お客さまに足を運んでもらうためのきっかけとして、イベントを非常に重視しています。たとえば「新ブランド入荷」や「商品をつくったアーティストや作家が来店」など、定期的に大小さまざまな催しを行っていくことで、空気が停滞せず、活発な動きが生まれるからです。

個人のお店で行うべきイベントには大きく分けて2つの種類があります。たとえば、父の日や母の日、クリスマスやバレンタイン・デーのように毎年必ず決まっている定期的なもの、そして、自分たちがお客さまへ紹介していきたいアーティストの作品やメーカー、デザイナーなどの商品をピックアップして不定期に行うもの。まずは1年間のうち、どれだけイベントを開催するチャンスがあるのかをカレンダーで確認してみるといいでしょう。おそらく、定期的なものだけで、最初に想像していたよりもずっと多いはずです。

もちろん、すべてを同じ規模、同じ力の入れ具合で行う必要はありませんし、お店のコンセプトに合わないようであれば「セールのような安売りはやらない」という決断もまったく間違いではありません。

fireworks ちいさな花火大会

HOW TO COOK DOCOMODAKE?

02

店内にイベントが開催できる余地を最初につくっておく

自由な使い方ができる空間を店内に

店内でイベントを行うには、そのためのスペースが必要になります。内装を考える際にフレキシブルに使うことができる空間を余地として残しておくと、さまざまな形のイベント開催が可能です。すべてが売り場になってしまうと、やっぱり変化は見えづらいもの。入口から直近の平台だけを変えていくのではなく、ある程度の展開ができる場所があった方が楽しいものです。

たとえば、京都の大塚呉服店や出雲のえすこには、それぞれお店の2階部分にギャラリーのような使い方ができるスペースを設けて、さまざまなイベントを開催したり、新商品のプロモーションに用いるなど、柔軟に使うことができるようにしています。

(PLACE) by method　撮影：長谷川 健太

大塚呉服店 京都

POINT

●自分のお店でやるべきイベントを選定する
●イベントをお客さまに対するアクションとしてニュースにする

僕自身の事務所である〈PLACE〉by methodにギャラリーを併設したのも同じ理由から。定期的に企画展を開催したり、友人や知人のブランドが展示会を行ったり、自分たちでフリーマーケットを開催したりとかなり自由な空間ですが、こうしたスペースがあるだけで、いろいろな方に足を運んでいただけます。

第一章の冒頭でもお話ししましたが、基本的にお店をつくっただけでお客さまが来てくれるということはありません。受け身のままでなく、こちらから何らかのアクションを起こして、その行動そのものをニュースとして発信していかなければ、定期的にお客さまに足を運んでいただけるようにはなかなかならないでしょう。

その意味からすると、イベントの開催は格好のニュースです。DMやメールマガジン、SNSなどで定期的に告知する情報の内容が変化に富んでいると、それを目にしたお客さまも興味を持ちやすく、結果として来店される方の増加へとつながります。

03

イベントの企画と実施

独創性の高い催しでお店を活性化

父の日や母の日、クリスマスやバレンタイン・デーのように毎年必ず時期が決まっているイベントは、当然、ほかのお店でも何かしら行っています。となれば、残念ながらニュースとしてはそれほど強いとはいえないため、力を入れるべきはオリジナリティーのある独自のイベントということになるでしょう。

たとえば、僕は新しく取り扱う予定のブランドをフィーチャーした催しをすることが多いです。これは一種の実験のようなものので「このアイテム、売れるかな？」と迷った時に、恐る恐る少量を仕入れるよりも、きちんとイベントの形で企画して、専用のスペースでイベントとして成立させた方が、お客さまの反応や売れ行きがわかりすいんですね。

もちろん、バイヤーとして商品を仕入れる際に予測は立てるのですが、こうしたトライアルの機会を持つことができると、実測でデータが得られるメリットがあります。

とても好きなブランドだけれど、普段は絞り込んで数種類しか仕入れていないアイテムを全種類入れてみるとか、新しく見つけたアーティストの作品を紹介してみるとか、いろいろ挑戦していくことで、お店の品揃えに新たな可能性が広がっていくでしょう。

04

継続的なお店の活性化

こうした実験的なイベントを企画するには、どうしても一緒に取り組むパートナーとなるメーカーやアーティストとの信頼関係が必要になります。イベントの開催に向けて何度も打ち合わせをして、互いの想いを確認する中で、今まで以上に関係を深めていくことができるでしょう。

僕にとって、お店のイベントとはメインのディスプレイに当たる「ビジュアル・プレゼンテーション（ＶＰ）」に極めて近い感覚のもの。お店にとってその意味合いは非常に大きいと考えています。「お店が変わった？」と思われるくらいのインパクトをお客さまへ与えることができれば継続的にお店を活性化させる大きな要素となるはずです。

POINT

- 新たな商品のトライアルとしてイベントを位置づける
- メーカーやアーティストとの関係を深める

代官山 蔦屋書店

TOKYO FASHION WEEK in INDIA

TOKYO FASHION WEEK in INDIA

インド・ニューデリーでのファッション・ウィークに参加。
ファッションショーとエキシビションを行う

企画 / 運営　一般社団法人日本ファッション・ウィーク推進機構
ディレクション　山田 遊（method）
ショープロデュース　金子 繁孝

TOKYO
FASHION
WEEK
in INDIA

WILLS LIFESTYLE
FDCI
Fiama Di WILLS

ANREALAGE
mint designs

独立して以来、ずっと散り散りばらばらのまま放置していた、お店をつくる上での僕なりの方法論を、今回、一冊の本にまとめることは、新しいお店を一軒つくり上げるくらい、いや、もしかしたらそれ以上に大変な作業だったかもしれません。

ただ、このような機会を与えていただくことで、まだ見知らぬ、これから同業者になるかもしれない方々がこの本を手に取ってもらえるかもしれない、ということを素直に嬉しく思い、また大変感謝しております。

企画段階から最後まで、我慢強くお付き合いいただいた内田真由美さん、同じく編集の磯部祐実さん、デザインをご担当いただいた栗田祐加さん、僕の支離滅裂な話を見事にまとめていただいた重藤貴志さん、素敵なイラストを描いていただいたそで山かほ子さん、数多くの写真を撮影いただいた戸室健介さん、この場を借りて深く御礼申し上げます。

本当にありがとうございました。

また、いつもお世話になっているクライアント及び関係各所の皆さまの存在無しでは、この本は産まれなかったと思います。この度は快くご協力いただきまして、誠にありがとうございました。

最後に、僕をいつも見守り支えてくれる家族と、そして仕事を共にするmethodのメンバー全員にも心からの感謝を。

お店というものは、人と同じように、いつまで経っても完成することと無く変わり続け、少しずつ成長していくものです。これまでも僕はお店と共に成長してきましたし、また、これからもお店と共に歩み続けていくことでしょう。

その歩みの中で、同じように幸せな関係性を持った多くのお店と店主とに出会っていくことを心より願っています。

2014年8月吉日

method 山田 遊

Yu Yamada
ヤマダユウ

東京都出身。
南青山のIDÉE SHOPのバイヤーを経て、2007年、method（メソッド）を立ち上げ、
フリーランスのバイヤーとして活動を始める。現在、株式会社メソッド代表取締役。
2013年6月に「別冊 Discover Japan 暮らしの専門店」が、枻出版社より発売。
グッドデザイン賞審査委員をはじめ、各種コンペティションの審査や、京都精華大学
非常勤講師など、教育機関や産地などでの講義・講演など、多岐に渡り活動中。

・1976年 東京都出身
・2000年 株式会社イデー入社。2001年よりIDÉE SHOP青山本店のバイヤーを務める
・2003年 株式会社イデー退社。東京・恵比寿のコンテンポラリー・ジュエリーのギャラリー、gallery deux poisons（ギャラリー・ドゥ・ポワソン）の立ち上げに参加
・2007年 NOOKA JAPAN株式会社 代表取締役に就任。また同時期にmethodを立ち上げる
・2009年 株式会社メソッドを設立。代表取締役に就任。現在に至る
・2004年「BOND next DESIGNER'S SELF PRODUCTION TRADE SHOW」プロデュース
・2006年「DesignTide 2006 / TideMarket」ディレクション
・2007年「スーベニアフロムトーキョー」サポートディレクション、「HOW TO COOK DOCOMODAKE ?」展示企画及び作品集編集。「Tokyo Tower Goods」クリエイティブディレクション
・2008年「minorityrev hirao」グッズセレクト
・2009年「Tokyo's Tokyo 羽田空港店」グッズセレクト、「PASS THE BATON MARUNOUCHI」MDコーディネート
・2010年「once A month」コンセプト監修 / ディレクション、「be my Gift」MDプラン、「TOKYO POP UP STORE」ディレクション、「fireworks」プロデュース、「APEC JAPAN 2010」贈呈品選定協力
・2011年「SHISEIDO THE GINZA」グッズセレクト、「漆の国 いわての伝統工芸展」ディレクション
・2012年「365日 Charming Everyday Things」VMD、「mino」プロデュース、「Tokyo' s Tokyo原宿店」グッズセレクト、「MARK' STYLE TOKYO」ディレクション、「隅田屋米」プロデュース、「産業観光プラザ すみだ まち処」VMD、「国際通貨基金（IMF）・世界銀行年次総会」記念品等の選定協力及び贈呈品の企画・開発コーディネーション、「大塚呉服店」店舗 ディレクション
・2013年「THE COFFEE HOUSE BY SUMIDA COFFEE」プロデュース、「Orbi Yokohama」ショップディレクション、「Tie a Ribbon」ディレクション、「燕三条 工場の祭典」イベント総合監修
・2014年「QIPS Miramar」ディレクション、「えすこ」ディレクション、「OMISE PARCO」サポート など

STAFF

CD　内田真由美（IMPACT）
AD　粟田祐加（IMPACT）
Editor　佐藤由佳（method）
村上純司（method）
辻井有里恵（method）
加藤亜由美（method）
鎮目 純（method）
磯部祐実（IMPACT）
Writer　重藤貴志
Illustrator　そで山かほ子
Photographer　戸室健介

カリスマバイヤー、ヤマダユウが教《おし》える
デザインとセンスで売《う》れる
ショップ成功《せいこう》のメソッド

NDC 727

2014年9月10日　発　行

著　者　ヤマダユウ
発行者　小川雄一
発行所　株式会社 誠文堂新光社
〒113-0033 東京都文京区本郷3-3-11
編集　TEL.03-5800-5776
販売　TEL.03-5800-5780
HP　http://www.seibundo-shinkosha.net/
印刷所　大熊整美堂 株式会社
製本所　和光堂製本 株式会社

ISBN978-4-416-61498-3